贵州省一流大学建设项目"财政学一流专业建设"

贵州财经大学大扶贫战略创新团队项目

贵州财经大学中国西部减贫与发展协调创新中心项目

机会平等下
中国西部农村反贫困研究

——基于财税视角

杨颖 著

中国社会科学出版社

图书在版编目（CIP）数据

机会平等下中国西部农村反贫困研究：基于财税视角/杨颖著.—北京：中国社会科学出版社，2019.11
ISBN 978-7-5203-5580-3

Ⅰ.①机… Ⅱ.①杨… Ⅲ.①农村—扶贫—研究—中国 Ⅳ.①F323.8

中国版本图书馆 CIP 数据核字（2019）第 249037 号

出 版 人	赵剑英
责任编辑	刘晓红
责任校对	周晓东
责任印制	戴 宽
出 版	中国社会科学出版社
社 址	北京鼓楼西大街甲 158 号
邮 编	100720
网 址	http://www.csspw.cn
发 行 部	010-84083685
门 市 部	010-84029450
经 销	新华书店及其他书店
印刷装订	北京市十月印刷有限公司
版 次	2019 年 11 月第 1 版
印 次	2019 年 11 月第 1 次印刷
开 本	710×1000 1/16
印 张	11.75
插 页	2
字 数	181 千字
定 价	68.00 元

凡购买中国社会科学出版社图书，如有质量问题请与本社营销中心联系调换
电话：010-84083683
版权所有 侵权必究

摘　　要

党的十九大报告明确我国进入社会主义新时代，要决胜全面建成小康社会，必须深入开展脱贫攻坚，保证人民在发展中有更多的获得感，坚持精准扶贫、精准脱贫，让贫困人口和贫困地区同全国一道进入全面小康社会是我们党的庄严承诺。我国从1986年开始了中央政府主导的大规模扶贫开发历程，经过30多年扶贫开发、扶贫攻坚，解决了上亿人口的温饱问题，中国贫困问题得以根本缓解。中国是全球最早实现千年发展目标中减贫目标的发展中国家，为全球减贫事业做出了重大贡献。

随着2011年我国扶贫标准提高到2300元后，我国贫困人口又大幅度剧增，截至2018年年末我国贫困人口还有1660万人，贫困率为1.7%。要实现2020年现有贫困标准下全部贫困人口顺利退出，扶贫形势依然非常严峻。当前我国的贫困目标也由原来单纯解决温饱问题转变为"稳定实现扶贫对象不愁吃、不愁穿，保障其义务教育、基本医疗和住房"多元化的综合大扶贫目标。扶贫目标多元化、综合性对反贫困提出更高要求。只有深化大扶贫战略，全面落实精准扶贫、精准脱贫，扶贫攻坚不断向深度贫困地区挺进，才能确保2020年我国全部农村贫困人口实现脱贫，贫困县全部"摘帽"，解决区域性整体贫困。作为中国贫困人口最多、贫困面积最大、贫困程度最突出的区域，只有西部实现反贫困才能从根本上保证全国全面决胜小康目标的实现。

消除贫困是人类社会千年发展的重要目标，也是关系人类社会公平发展的基础，公平的实现过程就是一个不断向贫困宣战的过程。机会平等作为一种重要的公平观，就是要保障所有人能站在平等竞技场上按照公平的规则进行竞争，且所有人得到的发展权利基本相同，保障其拥有的发展能力大体一致，竞争结果完全只取决于个人努力程度。

由于中国长期城乡二元发展结构，导致绝大部分农民特别是贫困农民面临发展机会不平等，权利保障不充分，发展能力匮乏，很难依靠自身努力改变不利局面。中国的贫困更多的是由机会、权利不平等造成的能力贫困，这是一种极不公平的现象。中国西部贫困地区由于自然、地理等条件限制，很难依靠自身力量站到平等竞技场上。只有通过大力高效地开展精准扶贫才能实现西部贫困地区和贫困人群的机会平等，才能保障其发展能力提高，才能更好地促进全面小康社会的建设。机会平等与精准扶贫是相辅相成的，从机会平等出发提升发展能力，才能真正改善精准扶贫的绩效，而精准扶贫的过程本身就是推进、实现机会平等的过程。

本书从两大部分展开：

第一部分分析我国贫困现状和扶贫历程。从中国贫困发展情况入手，对中国贫困标准，全国、西部、集中连片特困地区和贵州的贫困规模的发展情况进行分析，更好地展现中国贫困发展的趋势。目前中国贫困规模、贫困程度大幅度减缓，但是随着贫困标准提高，贫困形势依然严峻，只有拓宽扶贫思路，通过更高效的精准扶贫才有可能在2020年实现全部贫困人口、贫困地区的退出。通过我国的扶贫历程和扶贫成效的总结，整理出我国不同阶段、不同时期贫困主要特征和政府扶贫方向、侧重点。通过多维度指标对中国扶贫成效进行全面的解读，中国扶贫成效举世瞩目，但是依然存在贫困差距过大、不平等问题突出等问题。通过贵州省村庄、农户实地问卷调查，更全面了解中国西部贫困地区和贫困农户的发展现状和发展机会平等情况、农户主观对贫困原因的分析及对扶贫政策评价，可以帮助我们更全面地审视我国精准扶贫成效及扶贫改进方向。

第二部分分析机会平等情况及对扶贫的影响。通过文献整理对什么是机会平等、机会平等对扶贫重要性进行理论分析。从宏观政策角度分别对税收政策和财政扶贫资金的机会平等情况进行实证分析，提出财税政策如何改革更好地改善机会平等状况提高扶贫绩效的建议。分析"三化"同步对改善机会平等推动精准扶贫的重要性，模拟"三化"同步情况，提出从"三化"同步角度改善机会平等优化精准扶贫的路径。

关键词：贫困；精准扶贫；机会平等；公平

目　录

第一章　引言 ·· 1

　　第一节　研究背景及意义 ··· 1
　　第二节　贫困内涵界定 ·· 5
　　第三节　研究思路、方法与结构安排 ································ 11

第二章　我国贫困发展情况分析 ·· 14

　　第一节　我国贫困标准的发展演变 ··································· 14
　　第二节　我国贫困规模和分布的发展情况 ······················· 21
　　本章小结 ··· 31

第三章　我国扶贫发展历程及扶贫成效分析 ························ 32

　　第一节　我国的扶贫发展历程 ··· 32
　　第二节　扶贫成效分析 ·· 65
　　本章小结 ··· 76

第四章　村庄、农户贫困发展情况的实地调查 ···················· 77

　　第一节　村庄贫困发展情况调查 ······································· 77
　　第二节　农户贫困发展情况调查 ······································· 85
　　第三节　调查结论与建议 ·· 103
　　本章小结 ··· 107

第五章　机会平等的基本概念及重要性分析 ························ 108

　　第一节　什么是公平 ·· 108

第二节　什么是机会平等……………………………………………… 111
第三节　机会平等与公平的关系……………………………………… 119
第四节　机会平等对扶贫的重要性分析……………………………… 121
本章小结……………………………………………………………… 124

第六章　税收政策的机会平等性对扶贫的影响分析……………… 125

第一节　税收对扶贫重要性的理论分析……………………………… 125
第二节　税收征收现状和税收优惠政策分析………………………… 127
第三节　税收促进西部精准扶贫中存在的问题分析………………… 138
第四节　税收促进机会平等推动西部精准扶贫的思路……………… 140
本章小结……………………………………………………………… 142

第七章　财政扶贫资金的机会平等性对扶贫的影响分析………… 144

第一节　财政扶贫资金对推动机会平等的重要性分析……………… 144
第二节　财政扶贫资金运行现状分析………………………………… 147
第三节　扶贫资金提升绩效改善平等方面的分析…………………… 153
本章小结……………………………………………………………… 157

第八章　"三化"同步改善机会平等推动扶贫分析……………… 159

第一节　什么是"三化"同步及其重要性分析……………………… 159
第二节　贵州省"三化"同步情况实证模拟………………………… 161
第三节　"三化"同步下改善机会平等推进扶贫的思路…………… 171
本章小结……………………………………………………………… 173

第九章　政策建议与结论…………………………………………… 174

第一节　政策建议……………………………………………………… 174
第二节　结论…………………………………………………………… 177

参考文献……………………………………………………………… 180

第一章 引言

第一节 研究背景及意义

一 研究背景

我国1986年开始了中央政府主导的大规模扶贫开发历程，经过30多年扶贫开发、扶贫攻坚，解决了上亿人口的温饱问题，中国贫困问题得以根本缓解。2015年10月在北京召开的减贫与发展高层论坛上，中国国家主席习近平发表主旨演讲中提到："经过中国政府、社会各界、贫困地区广大干部群众共同努力以及国际社会积极帮助，中国6亿多人口摆脱贫困。2015年，联合国千年发展目标在中国基本实现。中国是全球最早实现千年发展目标中减贫目标的发展中国家，为全球减贫事业作出了重大贡献。"[1] 中国扶贫事业取得令世人瞩目的伟大成就。世界银行评价认为"中国在如此短的时间里使如此多的人摆脱了贫困，对于全人类来说这是史无前例的。如果没有中国的扶贫努力，在20世纪的最后20年，发展中国家贫困人口数量不会有所减少。"联合国粮农组织总干事若泽·格拉齐亚诺·达席尔瓦2013年6月在新华网发表《中国成功减贫给世界的启示》文章中认为，"中国的努力是使全球贫困和饥饿人口减少的最大因素"。联合国开发计划署署长海伦·克拉克

---

[1] 习近平：《携手消除贫困 促进共同发展》，人民网—人民日报，http://politics.people.com.cn/n/2015/1017/c1024-27708352.html。

认为,"中国将她的人民从贫困中以前所未有的速度脱离出来,呼吁各国分享中国的减贫经验"。①

中国扶贫事业成绩辉煌,得到世界范围普遍认可。但是也必须清楚认识到,随着 2011 年我国扶贫标准提高到 2300 元后,我国贫困人口规模又剧增到上亿人口,截止到 2018 年我国贫困人口还有 1660 万人。当前我国的贫困目标也由原来单纯解决温饱问题转变为"稳定实现扶贫对象不愁吃、不愁穿,保障其义务教育、基本医疗和住房"多元化的综合大扶贫目标。扶贫目标多元化、综合性对反贫困提出更高要求。只有深化扶贫战略,通过全面落实精准化扶贫才能"确保农村贫困人口到 2020 年如期脱贫"。

2017 年党的十九大顺利召开,明确提出中国特色社会主义进入新时代,社会主要矛盾已经转化为人民日益增长的美好生活需要和不平衡不充分的发展之间的矛盾。社会主义要决胜全面建成小康社会,必须开展脱贫攻坚,保证全体人民在共建共享发展中有更多的获得感,不断促进人的全面发展、全体人民共同富裕。坚决打赢脱贫攻坚战,让贫困人口和贫困地区同全国一道进入全面小康社会是我们党的庄严承诺。要动员全党全社会力量,坚持精准扶贫、精准脱贫,坚持中央统筹、省负总责、市县抓落实的工作机制,强化党政"一把手"负总责的责任制,坚持大扶贫格局,注重扶贫同扶志、扶智相结合,深入实施东西部扶贫协作,重点攻克深度贫困地区脱贫任务,确保 2020 年我国现行标准下农村贫困人口实现脱贫,贫困县全部"摘帽",解决区域性整体贫困,做到脱真贫,真脱贫。

精准扶贫、精准脱贫成为全面建成小康社会的关键、必经步骤。习近平总书记 2012 年在河北考察扶贫开发时曾说过,"全面建成小康社会,最艰巨最繁重的任务在农村,特别是在贫困地区。没有农村的小康,特别是没有贫困地区的小康,就没有全面建成小康社会。贫困不是社会主义,要确保到 2020 年所有贫困地区和贫困人口一道迈入全面小

---

① 黄成伟:《中国为全球减贫做出了哪些贡献》,《瞭望》2015 年第 42 期。

康社会，时间紧任务重"。① 党的十八大以来，以习近平总书记为领导的党中央高举扶贫大旗，进行扶贫攻坚，扶贫取得决定性进展。农村贫困人口从2012年年底的9899万人减少至2018年年底的1066万人。剩下的贫困人口主要分布在深度贫困地区，成为"贫中之贫，困中之困"。2011年我国划定的14个集中连片特殊困难地区有10个地区基本把西部覆盖。2017年，我国首次提出向深度贫困地区开展扶贫攻坚，划定"三区三州"（西藏、新疆南疆四地州、四省藏区和四川凉山州、甘肃临夏州、云南怒江州）作为国家层面的深度贫困地区给予重点支持。各省确定的334个深度贫困县和3万个深度贫困村作为深度贫困地区从中央到地方加大扶持，其中80%的深度贫困地区主要集中在西部。从最早扶贫重点县到集中连片特困地区再到现在扶贫向深度贫困地区推进，都会发现中国西部地区扶贫问题突出。作为中国贫困人口最多、贫困面积最大、贫困程度最突出的区域，只有西部地区实现反贫困，才能真正从根本上保证全国全面小康社会的实现。贵州是全国贫困问题最突出的省份，作为西部的贫困重灾区，贵州贫困问题研究具有重要的典型性，只有贵州贫困问题得到有效解决，才能更好地实现西部乃至全国的反贫困。

公平是人类社会长久以来一直追求的目标，是至上的美德。但什么是公平，如何实现公平，社会很难达成共识。虽然对公平的理解各有不同，但是一部分人由于非自身努力程度的原因陷入贫困困境，面临发展机会缺失，受制于自身能力限制等很难依靠自身力量走出贫困陷阱，这样的贫困问题在绝大部分人眼中都是极不公平的现象。而且这样的贫困问题还会导致贫困的代际循环，阻碍经济社会正常发展，社会阶层的合理流动。消除贫困成为人类社会千年发展的重要目标，也是关系人类社会公平发展的基础步骤。公平的实现就是一个不断向贫困宣战的过程。

机会平等就是保障所有人都能站在平等竞技场上按照公平的规则进行竞争，所有人得到的发展权利基本相同，保障其拥有的发展能力大体一致，竞争结果完全只取决于个人努力程度。机会平等不仅是实现社会

---

① 《习近平在河北慰问困难群众并考察扶贫开发工作》，新华社，http://www.gov.cn/ldhd/2012-12/30/content_2302221.htm。

公平的一种路径，而且机会平等本身就是一种独立可行的公平观。由于中国长期城乡二元发展结构，导致农村普遍处于机会不平等的状态下，造成中国农村普遍性相对贫困，绝大部分农民面临发展机会不平等，权利保障不充分，发展能力匮乏，很难依靠自身努力改变不利局面。中国的贫困更多的是由机会不平等、权利不对等造成的能力贫困，这是一种极不公平的现象。中国西部地区由于自然、地理等条件限制，很难依靠自身力量站到平等竞技场上，只有通过大力有效扶贫才能实现西部发展的机会平等，才能保障西部发展能力提高，才能更好地促进全面小康社会建设。要真正提升扶贫绩效，就必须从机会平等出发，通过扶贫政策倾斜保障所有人能站在平等的竞技场上，拥有相同发展权利和能力，进行公平竞争。机会平等与扶贫开发是相辅相成的，从机会平等出发提升发展能力，才能真正地改善扶贫绩效，而扶贫的过程本身就是推进、实现机会平等的过程。

二 研究意义

（一）拓展扶贫路径，推动精准扶贫运作绩效

我国经过多年扶贫开发，成果显著。但是多年扶贫开发都没有脱贫的贫困人口和地区，扶贫难度异常高。我国进入扶贫攻坚克难的决胜阶段，必须重新审视我国的扶贫开发。精准扶贫、精准脱贫成为我国当前扶贫的根本方略。在精准扶贫基础上，要实现精准脱贫就必须深入分析贫困的根源。机会不平等，导致能力匮乏是我国大部分贫困农户和贫困地区贫困的深层次原因。本书从机会平等视角出发，主要以贵州省为例，重新审视我国西部农村贫困问题，通过财政扶贫资金和税收政策的机会公平性分析，通过"三化"同步实证模拟拓展我国扶贫路径，为更好地实现精准扶贫提供思路。

（二）维护社会公平正义，推动中国机会平等发展进程

维护公民最基本的生存权、发展权是国家的基本职责，是所有国家都面临的首要难题。只有通过有效地开展精准扶贫才能保证公民的生存权、发展权得以根本保障。中国经济多年高速发展，经济总量已经跃居全球第二。但是随着贫富差距日益扩大，实现收入分配公平，维护社会公正正义，实现社会稳定发展成为发展的重要难题。新时代我国社会主

要矛盾的转变也说明公平问题成为制约中国高质量发展的关键。必须通过开展有效精准的扶贫工作，让发展成果惠及更多贫困群众，让所有人都能平等地分享改革成果，才能切实增强人民的获得感。只有通过实现人人发展机会、权利的平等，才能真正实现社会公平、正义的目标，也只有通过机会、权利的平等才能有效发挥农民的主观能动性，提高农民自我发展能力，真正实现农村精准脱贫。精准扶贫的实现过程，就是我国推进机会平等，促进社会公平正义的必然过程。

（三）保障全面建成小康社会，实现中国梦

"民亦劳止，汔可小康"，小康社会是中华民族上千年的追求。党的十八大明确提出要在2020年确保全国全面建成小康社会。党的十九大明确中国特色社会主义进入新时代，社会主义要决胜全面建成小康社会，必须开展脱贫攻坚，保证全体人民在共建共享发展中有更多的获得感，不断促进人的全面发展、全体人民共同富裕。实现中华民族伟大复兴是中国梦的实质。全面建成小康社会是中国人民梦寐以求的夙愿，是实现中华民族伟大复兴中国梦的重要里程碑。[①] 全面建成小康社会的关键要落实到"全面"，要保障全部人群、全部地区都进入小康。贫困地区和贫困人群能否顺利脱贫，是关系到2020年全国全面建成小康社会目标实现的根本基础。而全面建成小康社会又是实现中国梦的关键一步。只有通过更精准的扶贫，保障贫困农户发展机会的平等，才能真正提高农户自我发展能力，才能确保贫困农户精准化脱贫，才能真正全面建成小康社会，才有可能实现中华民族伟大复兴的中国梦。

第二节　贫困内涵界定

一　贫困内涵界定

（一）狭义的收入贫困概念

1899年，英国的朗特里对贫困的定义是，如果一个家庭的总收入

[①] 秋石：《全面建成小康社会是实现中国梦的关键一步》，《求是》，http://www.qstheory.cn/dukan/qs/2015-04/30/c_1115099493.htm.

不足以维持家庭人口最基本的生存活动要求，那么这个家庭就基本陷入贫困中。① 郎特里对当时英国一般家庭的最低生活需要进行了估计，开创了贫困研究的先河。郎特里的贫困概念从收入不能满足最低生活需求入手，是一种狭义的绝对收入贫困概念。由于收入指标便于统计、检测，是衡量生活水平的重要标志，以后很多国家、国际组织开展扶贫，贫困认定标准都基本参照郎特里的研究思路展开。

（二）广义的多元化贫困概念

收入贫困只是贫困表象和体现最后的分配结果状况，随着贫困研究深入，许多学者开始从分析贫困根源入手更好地去理解贫困内涵与实质。贫困界定呈现多元化发展趋势。

1. 发展不平衡贫困

舒尔茨（T. W. Schultz, 1960）认为②，贫困作为某一特定社会中特定家庭特征的一个复杂社会经济状态，现在依然存在绝大部分贫困是大量经济不平衡的结果。最早提出"穷人经济学"，经济社会对农业重视不足，认为要大力发展现代农业，关键要对农民进行大力的人力资本投资，来改变农民普遍贫困状态。

缪尔达尔（Karl Gunnar Myrdal, 1968）从"循环积累"解释发展中国家贫困。认为贫困绝不仅仅是纯粹的经济原因，而是政治、经济与文化等因素综合作用的结果。低收入的原因有社会、经济、政治和制度等许多方面，其中重要原因是资本稀缺、资本形成不足及收入分配不公。提出发展中国家必须进行改革：土地所有制和租佃关系改革、教育改革及权力关系改革。其中，平等问题处于中心地区，因为"不平等及其加剧趋势成为发展的限制与障碍的复合体。"③

2. 能力匮乏贫困

著名经济学家阿玛蒂亚·森（Amartya Sen, 1981）提出贫困实质是能力贫困。④ 坚持认为衡量贫困的标准应该是个人的福祉（Well‑be-

---

① 朗特里：《贫困与进步：对约克镇第二次社会调查》，郎曼出版公司1941年版。
② 西奥多·W. 舒尔茨：《经济增长与农业》，北京经济学院出版社1991年版。
③ 冈纳·缪尔达尔：《世界贫困的挑战——世界反贫困大纲》，北京经济学院出版社1991年版。
④ 阿玛蒂亚·森：《贫困与饥荒》，商务印书馆2001年版。

ing）的高低，而福祉的高低不能简单用收入来衡量。个人的福祉是以能力（capability）来保障的。收入贫困只是表象，贫困的根本原因是能力的匮乏，能力由包括免予饥饿的能力、免予疾病的能力、享受教育的能力等组成。

3. 权利、机会不平等贫困

机会平等是指既定目标下分配的结果只取决于个人的主观努力程度，而非外界环境的差异，环境差异等可通过政策来补偿。

森（1999）[①]进一步提出，用人们能够取得的某种基本生活内容和人们能够得到的自由来理解贫困和剥夺。强调政治、经济和社会机会的重要性，贫困本质就是缺乏各种实质性的自由，如缺乏政治权利、经济机会、社会机会，以及社会安全网。要通过增强机会，改善权利入手重建个人的能力来避免和消除贫困。

世界银行（2006）认为，机会的不平等导致收入、健康和教育的结果不公平长期存在于许多发展中国家，必须采取公共行动来追求公平。

联合国开发计划署（UNDP）（1997）[②]认为，贫困不仅是指低收入，也指医疗与教育的缺乏，缺乏尊严、自信和自尊，引入了"人类贫困指数"（HPI），人类贫困远不只收入低下，还包括没有机会选择过一种能够忍受的生活，没有人权。人类贫困指数主要反映：一是生命剥夺，以预期寿命不足40岁的人口比例计算；二是知识剥夺，以成人文盲率计算；三是生活体面剥夺，包括缺乏健康服务的人口比率、缺乏安全用水的人口比率和5岁以下营养不良的儿童比率。

联合国（2005）提出消除受教育的机会差距是各国反贫困的重要起点。

4. 制度性贫困

马克思剥削理论的核心就是制度造成贫困。兰克（2004）认为贫困根源于制度，必须考虑更广泛层面的制度解决措施。文雁兵（2014）

[①] 阿玛蒂亚·森：《以自由看待发展》，人民出版社2009年版。
[②] 联合国开发计划署：《1997年中国人类发展报告：人类发展与减贫》，http：//ch.undp.org.cn/downloads/nhdr/nhdr1997.pdf。

提出因为财税、户籍、教育和社保制度等因素，形成制度性贫困。包含两层含义：第一层次是劳动者具有正常学习和劳动能力，由于后天教育不足，身份限制、政策缺陷和风俗陋习等制度出现贫困。这种贫困具有代际转移特征，可以通过制度设计和公共政策消除。第二层次是资源在不同区域、不同阶层、不同人群、不同个人之间的不平等、不公平分配，造成某些区域、阶层、人群和个人的贫困。[①] 提出依靠自生能力和社会流动"自下而上"的减贫新思路。李昌平（2006）提出中国的贫困是制度性贫困。刘明宇（2004）认为农民失去自主参与分工的自由陷入制度性贫困，要通过消除抑制分工的制度安排，打破城乡二元结构、实现城乡分工深化。权利的不公平分配造成农民的制度性贫困。

（三）本书对贫困界定

贫困是人的一种生存、发展状态，由于自然、地理条件先天不足，加上后天制度安排不合理，制度补偿不到位，导致一部分人群在政治权利、发展机会、社会机会等方面面临严重机会不平等，能力普遍匮乏导致异常脆弱，很难依靠自身发展能力摆脱不利局面，不能站在平等竞争场上与其他人公平竞争，导致在整个社会发展中处于相对弱势地位。

本书认为中国人为制度安排造成中国特有的"城乡二元发展结构"，农民在教育、社保、就业、参政等方面都面临严重的机会不平等，造成中国农民普遍的能力贫困。而中国西部农村由于自身发展条件差，加上政府政策补偿不到位、不完善，造成西部农民面临发展机会的严重不平等，能力贫困尤为突出。所以本书主要从发展机会平等视角来看待中国西部贫困问题，采用的是一种相对广义多维的贫困概念。

2011年，中共中央、国务院印发《中国农村扶贫开发纲要（2011—2020）》[②]，提出扶贫开发总体目标是，到2020年稳定实现扶贫

[①] 文雁兵：《破解制度性贫困》，《中国社会科学报》2014年3月13日。
[②] 中共中央、国务院印发《中国农村扶贫开发纲要（2011—2020）》，http://www.gov.cn/gongbao/content/2011/content_ 2020905. htm。

对象不愁吃、不愁穿，保障其义务教育、基本医疗和住房。贫困地区农民人均收入增长幅度高于全国平均水平，基本公共服务主要领域指标接近全国平均水平，扭转发展差距扩大趋势。我国政府对贫困的理解也从原来狭义的收入贫困转变为广义多维的贫困。通过改善基本公共服务保障义务教育、基本医疗和住房，实质就是提高贫困人群受教育机会、免予疾病机会。只有保障发展机会平等，真正提高其自我发展能力，才能真正有效地开展精准扶贫开发，从根本上保障小康社会目标的实现。

二 精准扶贫与机会平等关系

（一）精准扶贫内涵

我国从 1986 年开始由中央政府主导开发式扶贫，由于当时贫困面大，以贫困县为对象的区域瞄准政策发挥很大作用，通过区域发展带动扶贫开发。但是以县为单元由于瞄准精度差，被各方诟病。我国 21 世纪初开展整村推进，以村为单位提高瞄准精度。但是经过多年扶贫开发依然没有脱贫的农民必须以户为单位，根据每个贫困户发展不同需要，有针对性地开展精准扶贫，才能保证精准脱贫。

精准扶贫概念是在 2013 年 11 月由习近平总书记在湖南湘西考察时首创提出。扶贫必须精准，做到实事求是、因地制宜、分类指导。2015 年，习近平总书记在贵州调研时就加大力度推进扶贫开发提出"4 个切实"的具体要求，强调"特别要在精准扶贫、精准脱贫上下更大功夫，具体就是要在扶贫对象精准、项目安排精准、资金使用精准、措施到户精准、因村派人精准、脱贫成效精准上想办法、出实招、见真效"。必须坚持"因人因地施策、因贫困原因施策、因贫困类型施策，通过扶持生产和就业发展一批，通过易地搬迁安置一批，通过生态保护脱贫一批，通过教育扶贫脱贫一批，通过低保政策兜底一批，广泛动员全社会力量参与扶贫"。[①] 精准扶贫是对开发式扶贫战略的深化和提升。2015 年 11 月召开中央扶贫开发工作会议，出台《中共中央、国务院关于打

[①] 《习近平召开部分省区党委主要负责同志座谈会》，人民网，http://legal.people.com.cn/n/2015/0619/c188502-27184867.html。

赢脱贫攻坚战的决定》（中开〔2015〕34号），为保证全面建成小康社会对扶贫开发工作做全新全面部署。第一次在治国理政的高度明确扶贫开发的重要性，也第一次从国家战略高度明确提出扶贫开发的基本方略是精准扶贫、精准脱贫。

（二）机会平等内涵

约翰·罗默（John E. Romer，1998）认为，社会应创造一个"平等的竞技场"即公平的竞争环境，既定目标下分配的结果只取决于个人的主观努力程度，而非外界环境的差异、环境差异等可通过政策来补偿。从福利、政治影响、社会地位方面给社会公众提供平等机会，对获得最少机会的群体给予最大化的机会。[①]

本书认为只有保障贫困农户发展机会平等，才能根本保障其发展能力的提高，而只有自我发展能力提高，才能彻底保障贫困的终结，真正实现小康。机会平等应包括农户平等接受优质教育资源，良好医疗条件、完善社会保障等共同来构建。

（三）精准扶贫与机会平等关系

机会平等是精准扶贫的根本保障，只有实现贫困农户发展机会的真正平等，才能从根本上实现精准扶贫和精准脱贫。精准扶贫是实现机会平等的重要推手，只有通过真正到村、到户精准化扶贫，才能更好地了解每户贫困户发展能力的平等情况，根据每户能力缺失情况更有针对性地开展能力扶贫。中国贫困地区普遍地理、自然条件较差，特别是中国多年城乡二元发展结构加剧城乡差异，导致贫困地区、贫困农户自我发展能力异常薄弱，经过多年扶贫开发依然返贫问题突出。机会平等就是要保障最贫困人群得到更好的扶持，保障所有贫困农户也能与其他人一样平等地站在竞技场上，通过公平竞争实现个人价值最大化。只有实现机会平等，提升农户自我发展能力，才是真正精准扶贫，才能保证精准脱贫。总之，通过精准扶贫，在促进机会平等中提升贫困农户和贫困地区自我发展能力，是保障中国2020年全面实现小康社会的关键步骤和必由之路。

[①] Romer, J., *Equality of Opportunity*, Cambridge: Harvard University Press, 1998.

第三节 研究思路、方法与结构安排

一 研究思路

本书的研究思路如图 1-1 所示。

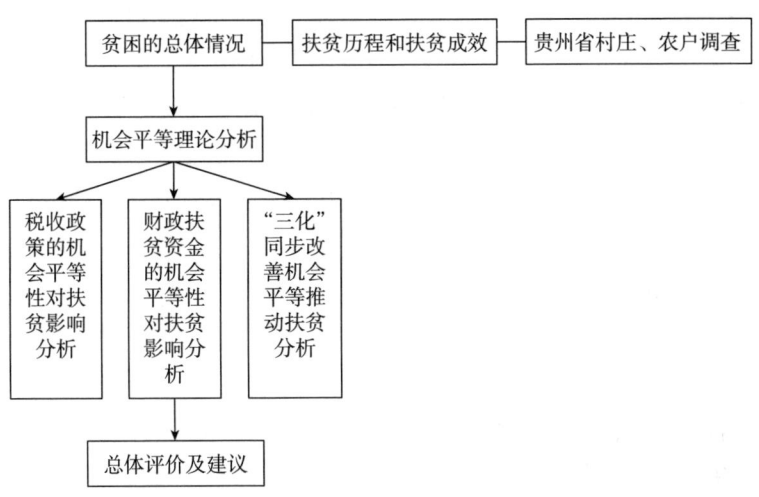

图 1-1 研究思路

二 研究方法

（一）实地调研法

本书通过组织课题组成员并发动学生到贵州省三大集中连片地区100多个村庄涉及近千户农户开展实地问卷调查。通过村庄调查和农户调查，更精准地了解贵州集中连片特困地区发展现状和村庄发展所需基础、生活设施改进情况。通过农户全面调查，了解农户家庭实际收支情况、主观贫困原因分析、对政府扶贫政策评价等。通过实地调研，掌握当前农村、农民发展的一手资料，才能更好地评估我国贫困地区、贫困农户发展机会平等情况，才能提出更有针对性的精准扶贫措施。

（二）文献综述法

通过大量的文献梳理，对什么是公平、什么是机会平等不同哲学观进行总结和归纳。文献综述与评价整理出机会平等观的发展概况、机会平等测度方法、机会平等实现手段等。在文献基础上，对机会平等和公平的关系进行界定，对机会平等对扶贫的重要性进行理论分析。通过文献综述增强对机会平等的理论认识深度。

（三）实证研究与规范研究结合法

首先对税收政策、财政扶贫资金对推进机会平等、改善扶贫绩效的作用进行理论界定。通过大量实证数据分析我国现行税收政策的机会公平性、财政扶贫资金分配的机会公平性对扶贫的影响，并通过实证模型模拟贵州省"三化"同步情况。在实证基础上通过规范分析分别从优化税收政策、改善财政扶贫资金投向、促进"三化"同步等方面提出如何促进西部贫困地区机会平等的发展状况，提高扶贫绩效的思路。

三 研究内容及结构安排

第一章，引言。介绍研究背景及意义，对贫困的内涵进行界定，明确研究思路与方法。

第二章，我国贫困发展情况分析。通过大量数据对我国贫困标准、贫困规模进行描述。通过对西部地区与其他地区贫困规模比较，论证西部贫困情况严重性。对 14 个集中连片特困地区贫困规模进行分析，对全国贫困状况最突出的贵州省贫困状况进行描述，突出本书以贵州省为例具有典型性。

第三章，我国扶贫发展历程及扶贫成效分析。根据时间段，总结不同时期贫困特征及我国扶贫主要政策和措施，展现我国扶贫发展的轨迹。分别从全国、贫困地区、贵州省不同层级整理出我国的扶贫成效。全方面、多角度综合展现我国扶贫取得成绩及存在问题。

第四章，村庄、农户贫困发展情况的实地调查。通过对贵州省三大集中连片地区 100 余个村庄和 900 余户农户开展调查，了解贵州省当前农村发展和农户生活情况，面临的相关发展机会平等情况及对扶贫政策评价等。

第五章，机会平等的基本概念及重要性分析。通过文献整理出不同公平观、不同机会平等观、机会平等的测度方法和实现机会平等手段等。对公平与机会平等关系进行界定。从理论角度分析平等对扶贫的重要性。

第六章，税收政策的机会平等性对扶贫的影响分析。对税收作用和税收对机会公平的影响进行理论分析。分析贵州省的税收、税负等情况，并对两轮西部大开发税收优惠政策进行对比，分析税收政策的机会公平性及改进措施。

第七章，财政扶贫资金的机会平等性对扶贫的影响分析。对财政扶贫资金对推进机会平等的作用进行理论分析。通过财政扶贫资金投入规模、结构分析财政扶贫资金分配公平性及改进措施。

第八章，"三化"同步改善机会平等推动扶贫分析。对什么是"三化"同步，"三化"同步对改善机会平等推动扶贫的重要性进行理论分析，实证模拟贵州省"三化"同步情况，提出优化"三化"同步改善机会平等推动扶贫思路。

第九章，政策建议与结论。增强农民参与，继续提高扶贫瞄准精准度；推进财税改革促进机会平等，提升精准扶贫绩效；配套社会综合改革全面提升中国机会平等状况，围剿贫困的制度根源。

第二章　我国贫困发展情况分析

第一节　我国贫困标准的发展演变

一　我国的贫困标准及发展

我国在很长时期内都是以农民人均收入和人均占有粮食水平作为测量贫困的主要标准，把贫困线与贫困标准等同起来。贫困线可以用货币来度量，直观、方便、好用，可以很好地反映贫困状况，所以贫困线被广泛采用作为评判贫困的重要标尺。我国的贫困线是专门针对中国农村提出的，到目前为止还没有划定过城市贫困线。我国首次提出贫困标准是1984年中共中央书记处农村政策研究室提出我国集中连片贫困地区的贫困标准。人均口粮南方稻米区为400斤以下，北方杂粮区300斤以下，折合人民币120元以下。1986年国家统计局农调总队在对全国6.7万户农村收支调查基础上按照国际通行的"马丁法"①划出中国农村贫困线。贫困线由两部分组成，一是基本食品需求，我国选用2100大卡热量作为最低热量需求，然后根据20%最低收入人群的消费结构来测度满足这一需求所需食物量，再换算成相应的货币；二是非食品需求，根据全国农民的消费结构和恩格尔系数在我国农村的适用性分析，估算非食品支出占总生活消费支出的比重为40%。划定出我国1985年国家贫困线为年人均收入206元。我国贫困线在1985年、1990年、1994

---

① 马丁法是由世界银行专家Matin Ravallion提出的计算贫困线的方法。

年、1998年由国家统计局根据全国农村住户调查分户资料测定，其他年份则使用农村居民消费物价指数更新。我国1986年开始政府大规模扶贫，采用的贫困线是绝对贫困线、生存贫困线，以满足基本生存需要为目的，致力于解决生存贫困问题。由于标准非常低，容易造成贫困低估的问题。为此我国国家统计局进行改进，从2000年以后除了发布贫困线外，还公布了农村低收入标准为865元。2007年贫困标准为785元，低收入标准为1067元。

随着综合国力不断增强，贫困标准不断提高。2008年12月，中国政府宣布，2009年起把绝对贫困线和低收入人口线合并，提高扶贫标准到1067元并对农村低收入人口全面实施扶贫。[1] 2009年3月，政府工作报告提出实行新的扶贫标准，新标准提高到人均1196元。[2] 2011年11月，中央扶贫开发工作会议宣布，根据2020年全面建设小康社会的目标要求，适应扶贫开发转入新阶段的形式，将农民人均纯收入2300元（2010年不变价）作为新的国家扶贫标准。这个标准比2009年1196元的标准提高了92%。经过此次大幅度上调，中国国家贫困标准大约相当于每日1美元。基本接近世界银行2008年人均1.25美元的贫困线标准。[3] 被大家诟病的中国贫困线标准过低问题得到有效改变。根据农村居民食品消费价格指数和农村居民消费价格指数进行加权更新，2014年我国农村贫困标准达到人均2800元，按购买力平价计算，约相当于每天2.2美元，高于世界银行1.9美元的贫困标准[4]。2018年我国贫困标准加权更新后达到人均3200元。

二 对我国贫困标准的分析

根据表2-1分析可以看出我国贫困标准一直水涨船高，特别是2009年和2011年我国两次大幅度调整贫困标准，随着贫困标准提高能

---

[1] 新华社：《中国上调扶贫标准 4320万农村贫困人口将成为同等扶贫对象》，http://www.cpad.gov.cn/data/2008/1228/article_339499.htm。

[2] 中国政府网：《温家宝在十一届人大二次会议所作的政府工作报告》，http://www.cpad.gov.cn/data/2009/0315/article_340020.htm。

[3] 《中国政府新的扶贫标准比2009年1196元标准提高了92%》，http://www.gov.cn/wszb/zhibo490/content_2012353.htmhttp://www.gov.cn/wszb/zhibo490/content_2012353.htm。

[4] 我国现行贫困标准升至2800元，高于世界银行标准。

让更多贫困人群被贫困政策所覆盖,能更好地推进精准化扶贫。2014年的扶贫标准比 1986 年增长了 13.6 倍。但是我们也发现这些年随着经济发展,农民人均纯收入增长更快,2014 年农民人均纯收入比 1986 年增长了近 24.9 倍。

表 2-1　　　　中国贫困标准与农民人均年纯收入　　　单位:元/人

年份	贫困标准	农民人均纯收入
1986	206	398
1990	300	689
1995	530	1557
2000	625	2253
2001	683	3255
2009	1196	5153
2011	2300	5919
2014	2800	9892
2015	2855	10772
2017	3000	13432
2020	4000	

资料来源:贫困标准 1986 年、2009 年、2011 年由官方划定,其余年份数据根据物价水平进行相应调整,农民人均年纯收入数据来源于历年《中国统计年鉴》,2020 年贫困标准数据来源于 http://www.cpad.gov.cn/art/2016/10/18/art_ 82_ 54533.html。

从图 2-1 可以发现,虽然我国贫困标准一直在提高,但是由于农民人均纯收入增长速度更快,导致 1986 年贫困标准相当于当年农民人均纯收入的 52%,但是发展到 2017 年贫困标准才相当于当年农民人均纯收入的 22%。虽然 2009 年和 2011 年由于贫困标准提高,所占比重有小幅上升趋势,但总趋势是不断下降,我国贫困标准还有提高空间。美国经济学家 V. 法克思(Victor Fuchs, 1967)是最早提出相对贫困标准的学者,他对美国贫困进行估计时将贫困线划定为全国人口中值收入的 50%。我国经济实力增强,可以把农民人均年纯收入的 40%—50% 为标准制定贫困标准,让更多相对贫困人群得到更完善的扶贫扶持。

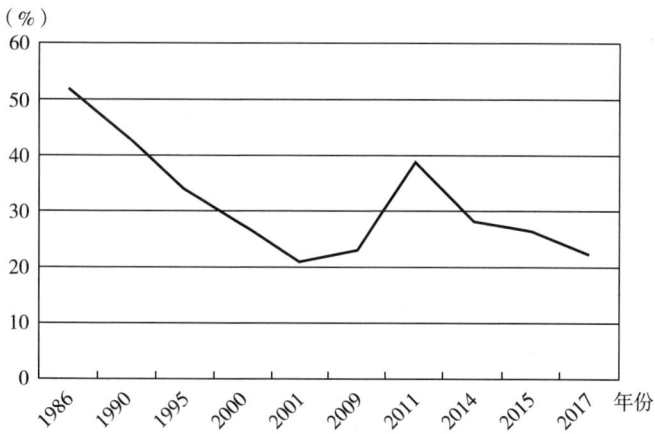

图 2-1　历年贫困标准占当年农民人均收入比重

资料来源：根源表 2-1 数据整理。

三　各地精准扶贫标准的实践情况

我国贫困标准低，不能全面反映贫困状况。2011 年我国扶贫标准在人均 2300 元的基础上，第一次明确提出为了保障全面建成小康社会，还要在 2020 年"稳定实现扶贫对象不愁吃、不愁穿，保障其义务教育、基本医疗和住房"多元化的综合大扶贫目标。2014 年随着精准扶贫理念的推广，各省在现有国家贫困标准基础上，因地制宜积极探索务实的、符合当地实际情况的精准扶贫标准，以更好地推进精准扶贫建档立卡工作的顺利开展。

（一）贵州省

贵州省于 2014 年最早提出"四看识真贫"科学方法，推动精准扶贫。一看房，就是通过看农户的居住条件和生活环境估算其贫困程度。二看粮，就是通过看农户的土地情况和生活条件估算其农业收入和食品支出。三看劳动力强不强，就是通过看农户的劳动力状况和有无病残人口估算其务工收入和医疗支出。四看家中有没有读书郎，就是通过看农户受教育程度和在校生状况等估算其发展潜力和教育支出。①

2018年8月，贵州省人民政府新闻办公室举行《贵州省精准扶贫标准体系》发布会，该体系由基础通用、项目管理、基础设施、社会保障四个部分构成，首批发布贵州省地方标准26个，基本涵盖了"六个精准"要求。②

其中，基础通用包括农业产业发展八要素工作、干部驻村帮扶、贫困户识别、贫困户退出、县级脱贫攻坚项目库建设管理、财政专项扶贫资金使用、大数据村级管理工作7项标准。

项目管理包括农业产业扶贫工作、贫困地区森林生态效益补偿资金管理、贫困地区新一轮退耕还林还草工程补助资金管理、贫困地区公益林采伐管理、建档立卡贫困人口生态护林员管理、农村饮水安全项目管理6项标准。

基础设施包括农村"组组通"硬化路建设与管理养护、易地扶贫搬迁工作管理、农村饮水安全评价、农村危房改造基本安全4项标准。

社会保障包括教育扶贫学生资助、医疗保障救助、大病专项救治管理、慢性病医疗保障、农村居民最低生活保障工作、特困人员救助供养工作、临时救助工作、农村贫困劳动力培训就业扶贫工作、贫困劳动力全员培训工作9项标准。《贵州省精准扶贫标准体系》具有充分体现贵州特色、注重全过程规范、系统完备和科学适用四个鲜明特点。

贵州省精准扶贫标准体系对贫困户识别进行明确规定：以国家确定的农民人均纯收入2300元扶贫标准（2010年不变价）为主要依据，把扶贫对象贫困要素量化为百分制指标进行准确评定；不愁吃、不愁穿；安全住房、义务教育、基本医疗有保障。

农民人均纯收入计算方法：农民人均纯收入=（工资性收入+家庭经营性收入+转移性收入+财产性收入－生产经营性支出）÷家庭人口数。

一达标是农村建档立卡贫困户农民人均纯收入稳定超过当年贵州省

---

① 贵州威宁：《"四看识真贫"助力精准扶贫》，新华网，http://roll.sohu.com/20151216/n431537683.shtml。

② 《贵州省发布〈精准扶贫体系标准〉》，贵州省扶贫办，http://www.gzfp.gov.cn/xxgk/。

公布的扶贫标准线。

两不愁是不愁吃、不愁穿，以下为定义：①不愁吃：吃饭不愁、饮水不愁。吃饭不愁是农户不缺粮、能吃饱。饮水不愁是供水方式可以是集中式供水、自引山泉水、自取井水、自取河水、自取水窖水、钻取地下水等。小水窖建设规模户均不低于5立方米，取水往返水平距离不超过1公里，垂直距离不超过100米；人均日用水量不低于35公斤（升）。②不愁穿：有换季衣服，夏天有单衣，冬天有棉衣。有换洗衣服，有御寒被褥。

三保障是安全住房、义务教育、基本医疗有保障。①安全住房有保障是经县级住房与城乡建设部门评定为A级、B级的为安全住房，不需改造。就地改造危房是经县级住房与城乡建设部门评定为C级、D级的为危房，必须进行加固维修和改造。易地扶贫搬迁安置房是采取集中安置的，安置住房质量合格且具备入住条件，并与农户签了协议、分了房屋、向搬迁对象正式交付住房钥匙，视为达到搬迁入住标准；采取分散安置的，安置住房质量合格且具备入住条件，经核实已搬迁入住，视为达到搬迁入住标准。②义务教育有保障是贫困家庭子女依法接受义务教育，不因家庭经济困难失学、辍学。③基本医疗有保障是落实基本医疗保险、大病保险、医疗救助、医疗扶助配套衔接的四重医疗保障制度，建档立卡贫困人口参加基本医疗保险全覆盖，在定点医疗机构住院费用实际报销比例达到90%以上，大病和慢性病实现分类救治。

（二）内蒙古

2018年4月，内蒙古自治区发布了8项精准扶贫地方标准，分别是《扶贫对象识别规范》《扶贫扶持措施规范》《干部驻村帮扶工作规范》《扶贫项目管理规范》《扶贫资金使用规范》《扶贫档案管理规范》《扶贫工作成效考核评估规范》《脱贫退出管理规范》。这是全国首个省级精准扶贫地方标准，对于助推扶贫工作实现对象瞄准化、帮扶措施具体化、管理过程规范化、考核目标去GDP化具有十分重要的意义。①

（三）广东省

农村居民年人均可支配收入低于4000元作为相对贫困人口的认定

---

① 《全国首个省级精准扶贫地方标准在内蒙古颁布》，中央人民政府网站，http://www.gov.cn/xinwen/2018-05/25/content_5293498.htm。

标准，以全村年人均可支配收入低于8000元、相对贫困人口占全村户籍人口的5%作为相对贫困村的认定标准，这是广东省新时期精准扶贫、精准脱贫的识别标准。在精准识别中不能单纯以收入作为贫困户的唯一识别标准，还应考虑支出，重点考察贫困户的吃、穿、住以及子女教育、医疗保障情况。一些农户人均可支配收入达到或略超过4000元，但因家中有重病或小孩读书，开支较大，可经村民代表大会评议通过等程序后，由县人民政府审定确认，纳入贫困帮扶对象。①

（四）湖北省

为了对贫困户进行精准识别，实行定性与定量结合的"八进九不进"识别标准。"八进"具体为：对符合下列条件之一的贫困家庭户可优先识别确认为贫困对象。①家庭主要劳动力死亡、孩子未成年的农户；②不符合"五保"条件的鳏寡孤独的农户；③家庭主要劳动力长期生病、不能从事基本劳动、需大病救助政策扶持的农户；④家庭人口中有丧失劳动能力的残疾人口；⑤住土坯房，不避风雨，需搬迁的农户；⑥有产业发展意愿，资金困难，需扶持的农户；⑦因自然灾害、突发事件及其他原因返贫的农户；⑧有生产发展能力的低保户。"九不进"具体为：有下列情形之一的农户不得纳入贫困户识别范畴。①近三年内建有三层以上楼房或在城镇购买商品房（不含因灾重建、国家基础设施建设拆迁房屋）或高标准装修现有住房的农户；②村主职干部家庭户；③有国家公职人员的家庭户；④家庭拥有或使用机动车辆、船舶、工程机械（残疾人代步车除外）及大型农机具的农户或有高价值收藏、投资有价证券行为的农户；⑤非特殊困难群体的个体工商户；⑥长期雇用他人从事生产经营活动的农户；⑦有劳动能力但不从事生产劳动，好吃懒做导致家庭困难的农户；⑧五保户；⑨无生产发展能力的低保户。

从各地精准扶贫的实践经验看，贫困户的识别在国家贫困标准基础上更加务实、具有可操作性，不仅看收入，更是考虑到贫困户的教育、医疗负担、住房情况，发展能力等多项综合指标。只有更精准、全面考

---

① 《六月底完成贫困户识别录入》，新浪网，http://news.sina.com.cn/c/2016-05-26/doc-ifxsqtya6098127.shtml。

量贫困户的实际发展能力和贫困情况,才能更有针对性地开展精准脱贫。随着各地精准扶贫标准体系建立、完善,中国贫困标准会更加科学化、人性化,能更好地指导中国扶贫攻坚事业更上一层楼。

第二节 我国贫困规模和分布的发展情况

一 我国总体贫困规模的发展趋势

(一) 按照中国贫困标准测算的总体贫困情况

通过表2-2贫困人口数和贫困发生率的数据看出中国扶贫开发成绩斐然,1978—1985年农村家庭联产承包责任制巨大制度利好,极大地解放农村生产活力,贫困人口下降一半,是我国贫困人口下降最快的时期。1986年开始中央政府主导的扶贫开发,在大量扶贫资金、扶贫政策、扶贫攻坚计划指引下,中国贫困人口大幅度下降,为20世纪后期世界贫困人口减少做出突出贡献。21世纪以来,贫困人口继续减少,但是贫困率下降速度放缓。为了更好地让更多贫困人群享受扶持,我国于2009年合并贫困线和低收入线标准,导致贫困人口增加。2011年更是大幅度提高贫困标准到人均2300元,接近国际公认世界银行贫困标准,按照此标准我国贫困人口2010年大幅度增加到1.6亿人,贫困率高达17.2%。贫困问题非常突出,多年扶贫开发,还有如此众多贫困人口,如何调整我国的扶贫战略,保障众多贫困人群2020年与全国同步小康成为摆在中国发展中的重大难题。

在最新扶贫开发纲要指引下,我国扶贫开发进入以14个集中连片特困地区为重点的全新扶贫阶段,特别是2014年精准扶贫作为扶贫基本方略全面推进我国贫困人口继续大幅度下降。2017年我国贫困率下降到3.1%,2017年贫困人口比2011年下降了75.11%,精准扶贫成效惊人。当前精准扶贫继续向深度贫困地区挺进,通过众志成城脱贫攻坚克难,攻城拔寨,到2020年保障现有贫困标准下全部贫困人口和贫困地区退出目标应该指日可待。随着中国综合国力上升,2020年后如何通过提高中国贫困标准让更多相对贫困人口增强获得感,增加社会公平,依然值得深入探讨。

表 2-2　　　　中国贫困标准测算历年贫困人口及贫困率

年份	贫困人口（万人）	贫困发生率（%）
1978	25000	30.7
1985	12500	14.8
1990	8500	9.4
1995	6540	7.1
2000	3290	3.5
2005	2365	2.5
2008	4007	4.2
2010	16567	17.2
2011	12238	12.7
2012	9899	10.2
2013	8249	8.5
2014	7017	7.2
2015	5575	5.7
2016	4335	4.5
2017	3046	3.1
2018	1660	1.7

资料来源：根据历年《中国农村贫困检测报告》整理，2010 年后数据都是按照新的 2300 元的扶贫标准得出。

（二）按照世界银行最新贫困标准测算的总体贫困情况

世界银行 2015 年 10 月发布《消除绝对贫困、共享繁荣——进展与政策》的报告，公布按照购买力平价计算将国际贫困线标准提高到 1.9 美元。[①] 1990 年世行选取当时一组最穷国家贫困线，采用购买力平价换算成美元，通过计算出平均值将贫困线设定在每人日均 1 美元左右。2008 年世行将国际贫困线上调到每人日均 1.25 美元。世行采用每天人

[①]《世行上调国际贫困线标准 1.25 美元调为 1.9 美元》，新华网，http://www.ah.xinhuanet.com/2015-10/05/c_1116742444.htm。

均 2 美元衡量中等收入国家的贫困状况，此标准 2015 年提高到每天人均 3.1 美元。

表 2-3　　　　　　　　　　世行测算贫困情况

年份	中国 每天1.9美元 贫困人口（万人）	中国 每天1.9美元 贫困率（%）	中国 每天3.1美元 贫困人口（万人）	中国 每天3.1美元 贫困率（%）	全球 每天1.9美元 贫困人口（万人）	全球 每天1.9美元 贫困率（%）
1981	87780	88.3	98534	99.1	199728	44.3
1990	75581	66.6	101259	89.2	189500	35.9
1999	50786	40.5	84159	67.2	175145	29.1
2010	14956	11.2	36439	27.2	111975	16.3
2011	10644	7.9	29965	22.2	98333	14.1
2012	8734	6.5	25794	19.1	89670	12.7
2015		0.7		7	73600	10
2018		0.5		3.6		

资料来源：2015 年前的数据来自《2015 中国农村贫困监测报告》，2015 年数据来自世界银行贫困数据库，2018 年的数据预测来自世界银行报告 *China Systematic Country Diagnostic*。

根据表 2-3 按照世行每天人均 1.9 美元的贫困标准看，中国减贫工作也是成效非常显著。中国 1981 年的贫困率高达 88.3%，中国贫困人口占全球贫困人口的 43.95%，2012 年中国贫困率下降为 6.5%，中国贫困人口占全球贫困人口的 9.74%。1.9 美元是极端贫困标准，如果按照中等收入国家 3.1 美元的贫困标准，2012 年中国贫困人口还有 2.5 亿，贫困率高达 19.1%。随着精准扶贫大力推进，中国减贫事业继续高效推进，按照 1.9 美元贫困标准 2015 年中国贫困率下降到 0.7%，贫困率略低于全球平均水平。世行更是大胆预测 2018 年按照 1.9 美元标准中国贫困率大约在 0.5%，按照 3.1 美元贫困标准贫困率也大幅度下降到 3.6% 左右。世行的相关数据说明中国贫困成绩得到国际社会高度认可，贫困规模与世行按照中等收入国家贫困标准估算的数据大体相当。依照中国当前经济实力，可以按照更高贫困标准开展扶贫。

二 西部与其他地区贫困人口的比较情况

表2-4 贫困人口的地区分布

年份		2000	2005	2010	2014	2016	2018
贫困人口规模（万人）	全国	9422	6432	16567	7017	4335	1660
	西部	5731	3805	8429	3600	2251	916
	中部	2729	2081	5551	2461	1594	597
	东部	962	545	2587	956	490	147
贫困发生率（%）	全国	10.2	6.8	17.2	7.2	4.5	1.7
	西部	20.6	13.3	29.2	12.4	7.8	3.17
	中部	8.8	6.6	17.2	7.5	4.9	1.84
	东部	2.9	1.6	7.4	2.7	1.4	0.42
占全国贫困人口比重（%）	西部	60.8	59.2	50.9	51.3	51.9	55.2
	中部	29.0	32.3	33.5	35.1	36.8	35.9
	东部	10.2	8.5	15.6	13.6	11.3	8.9

资料来源：2000年、2005年数据来源于《中国农村贫困监测报告（2011）》，以后数据来源于《中国农村贫困监测报告（2017）》。2018年的数据来源于《2018年全国农村贫困人口减少1386万人》，《光明日报》。

（一）西部贫困率远高于全国同期水平

从表2-4数据对比可以发现西部是中国贫困重灾区，西部的贫困率远高于全国平均水平，2000年贫困发生率是全国的2倍，2016年贫困发生率是全国的1.7倍，差距略微有点下降。中部贫困率与全国水平基本差不多，东部的贫困率远小于全国水平。2000年西部贫困率是中部的2.3倍，是东部的7.1倍。发展到2016年西部贫困率是中部的1.59倍，是东部的5.57倍，差距在缩小。

（二）西部贫困人口占全国贫困人口的一半以上

2000年西部贫困人口占全国贫困人口的60.8%，2016年占全国贫困人口的51.9%，比重有不少降低。2018年西部占全国贫困人口的55.2%，中国贫困人口一半以上集中在西部，解决好西部贫困问题对中国反贫困事业至关重要。

随着新的扶贫标准提高，可以看出西部贫困人口占全国贫困人口的比重在下降，而中部和东部的贫困人口的比重都有所增加，说明西部扶贫开发事业成效显著。中部贫困人口占全国贫困人口的比重不断上升，2000年占全国贫困人口的比重才29%，发展到2016年占全国贫困人口的比重提高到36.8%。东部贫困人口2000年占全国贫困人口的比重是10.2%，2016年比重提高到11.3%。说明中、东部贫困问题也不能小视。

（三）西部省份的贫困问题更为突出

从贫困规模看，2016年贫困人口超过300万以上的省份有6个：河南、湖南、广西、四川、贵州、云南。其中4个属于西部省份，贫困人口最多的省份是贵州省，有402万人。[①]

从贫困发生率看，贫困发生率在10%以上的省份有5个，都是西部省份，包括贵州、云南、西藏、甘肃和新疆。贫困率最高的省份是西藏，贫困率为13.2%。

中国西部在一系列政策利好下，经过两轮西部大开发，经济社会发展突飞猛进，扶贫事业也取得不小成绩，贫困问题有所缓解。但是通过西部与中、东部和全国平均水平比较，都可以看出西部依然是中国贫困问题最为突出的区域，只有有效地解决西部相对集中的贫困问题，才能更好地推进中国整体的扶贫事业。

三 贫困地区的贫困情况

全国所有贫困地区覆盖22个省（自治区、直辖市）823个县，11775个乡镇。贫困地区是我国扶贫资金重点投入的地区，是扶贫开发的重点区域和主要战场。2015年全国所有贫困地区行政区域面积为464万平方公里，占全国行政区域面积的48%。地区生产总值占全国GDP的8.1%。

表2-5可以看出贫困地区的贫困率远高于全国总体的平均水平。但是贫困地区的贫困人口、贫困率持续下降。2016年贫困地区贫困人口比2012年下降了56%。作为贫困重灾区，西部贫困地区的贫困率又

---

① 本节数据没有特殊说明均来自《中国农村贫困监测报告（2017）》。

高于全国贫困地区平均水平。但让人比较惊讶的是，作为中国经济最发达的东部地区，其贫困地区的贫困率不仅比全国贫困地区的贫困率高，竟然比西部、中部贫困地区的贫困率还要高。发达的东部地区存在少部分贫困问题集中的贫困地区，需要高度关注。

表2-5　　　　　　　　贫困地区的贫困情况

地区	2012年 贫困人口（万人）	2012年 贫困率（%）	2013年 贫困人口（万人）	2013年 贫困率（%）	2014年 贫困人口（万人）	2014年 贫困率（%）	2016年 贫困人口（万人）	2016年 贫困率（%）
所有贫困地区	6039	23.2	5070	19.3	4317	16.6	2654	10.1
西部贫困地区	3579	25	3002	21	2558	18		
中部贫困地区	2097	20.6	1755	16.9	1482	14.3		
东部贫困地区	364	23.2	313	20	277	18.9		

资料来源：2016年以前的数据来自《中国农村贫困监测报告（2015）》，2016年的数据来自《中国农村贫困监测报告（2017）》。

四·连片特困地区的贫困情况

《中国农村扶贫开发纲要（2011—2020）》明确指出，要把连片特困地区作为扶贫主战场，划定了14个集中连片特困地区。14个集中连片特困地区覆盖21个省（自治区、直辖市）680个县，占全国行政区划总面积的42%左右，地区生产总值占全国GDP的6.1%。

扶贫规划明确规定，中央扶贫资金的新增部分主要用于连片特困地区。在各项政策的重点倾斜下，14个集中连片特困地区贫困人口下降，贫困发生率显著降低。2016年连片特困地区贫困人口是2182万人，贫困发生率10.5%，贫困人口下降速度快于全国农村平均水平。2016年连片特困地区贫困人口减少规模占同期全国贫困人口减少规模的55.9%，连片特困地区为全国减贫工作做出重要贡献。

2016年14个集中连片特困地区中贫困人口最多的前五位依次是：滇黔桂石漠化区、武陵山区、乌蒙山区、秦巴山区和大别山区。但是贫困发生率最高的前五位依次为：乌蒙山区、吕梁山区、西藏区、四省藏区和南疆三州。14个集中连片特困地区贫困人口都大幅度减少，贫困率下降速度最快的是：西藏区、罗霄山区、乌蒙山区、大别山区和秦巴山区。

表2-6　　　　　集中连片特困地区贫困情况　　　　单位：万人、%

片区	2011年 贫困人口	2011年 贫困率	2012年 贫困人口	2012年 贫困率	2013年 贫困人口	2013年 贫困率	2014年 贫困人口	2014年 贫困率	2016年 贫困人口	2016年 贫困率
全部片区	6035	29	5067	24.4	4141	20	3518	17.1	2182	10.5
六盘山区	642	35	532	28.9	439	24.1	349	19.2	215	7.6
秦巴山区	815	27.6	684	23.1	559	19.5	444	16.4	256	9.1
武陵山区	793	26.3	671	22.3	543	18	475	16.9	285	9.7
乌蒙山区	765	38.2	664	33	507	25.2	442	21.5	272	13.5
滇黔桂石漠化区	816	31.5	685	26.3	574	21.9	488	18.5	312	11.9
滇西边境山区	424	31.6	335	24.8	274	20.5	240	19.1	152	12.2
大兴安岭南麓山区	129	24.1	108	21.1	85	16.6	74	14	46	8.7
燕山太行山区	223	24.3	192	20.9	165	17.9	150	16.8	99	11
吕梁山区	104	30.5	87	24.9	76	21.7	67	19.5	47	13.4
大别山区	647	20.7	566	18.2	477	15.2	392	12.0	252	7.6
罗霄山区	206	22.0	175	18.8	149	15.6	134	14.3	73	7.5
西藏区	106	43.9	85	35.2	72	28.8	61	23.7	34	13.2
四省藏区	206	42.8	161	38.6	117	27.2	103	24.2	68	12.7
南疆三州	159	38.7	122	33.6	104	20.0	99	18.8	73	12.7

资料来源：《中国农村贫困监测报告（2017）》。

五 扶贫重点县的贫困情况

《中国农村扶贫开发纲要（2011—2020）》重新安排了592个扶贫重点县继续享受各项支持政策。592个扶贫重点县行政区划面积占全国行政区划面积的26%，2015年地区生产总值占全国GDP的6.3%。

扶贫重点县的贫困人口持续下降，2016年扶贫重点县贫困人口有2219万人，贫困发生率为10.5%，2012—2016年累计减贫2886万人。扶贫重点县累计减贫规模占全国同期减贫规模的51.9%。

扶贫重点县减贫幅度最大的省（区）是：江西、重庆、青海和内蒙古。

六 贫困人群的分布情况

（一）按年龄分组

2016年17岁及以下的儿童贫困率为5.6%；60岁以上老人贫困率为6.4%，高于其他年龄段人群。老年贫困问题突出，必须通过更完善的养老保障体系来解决。

（二）按文化程度分组

2016年户主文化程度为文盲的贫困率为9.9%，小学文化的贫困率为6.7%，初中文化的贫困率为3.5%，高中文化的贫困率为2.1%。贫困率与教育呈负相关。说明教育扶贫，提升人力资本价值对精准扶贫非常重要。

（三）按性别分组

2016年女性与男性群体的贫困率没有明显差异，说明中国性别平等方面做得不错。

（四）按健康程度分组

2016年身体健康的人群贫困率为4.2%，身体健康较差的人群贫困率为8.3%，身体基本健康的人群贫困率为6.3%。因病致贫、返贫成为中国当前贫困的主要原因。

七 贵州省的贫困形势异常严峻

表 2-7　　　　　　　　贵州省历年的贫困情况

年份	贫困人口（万人）	贫困率（%）	贫困人口占全国贫困人口比重（%）
1978	1587.02	66.7	6.35
1985	1500	57.5	12
1993	1000	34.4	
2000	313.46	9.4	9.53
2005	265.74	7.9	11.24
2008	585.38	17.4	14.61
2010	1521	45.1	9.18
2011	1149	33.4	9.39
2012	923	26.8	9.32
2013	745	21.3	9.03
2014	623	18	8.88
2015	507	14.7	9.09
2016	402	11.6	9.27
2017	282	8.13	9.26
2018	134	4.3	8.07

资料来源：1978年、1985年、1993年、2000年的贵州贫困数据来源于《贵州经济社会发展60年研究》，2000年以后数据根据历年《贵州统计年鉴》和历年《中国农村贫困监测报告》整理，2017年、2018年数据来源于《2018年贵州省政府工作报告》和《2019年贵州省政府工作报告》。

（一）从贫困率看

由于地理、自然条件等落后，贵州贫困问题异常突出。由图2-2可以发现，贵州省贫困率一直远远高于全国同期平均贫困率和西部同期平均贫困率。1978—1985年贵州贫困率高达60%左右，绝大部分农民生活温饱都成问题。1986年，在扶贫开发大力推动下，贵州贫困面貌得以极大改善，贫困率与全国差距在逐步缩小，但是在2300元的贫困标准下，贵州贫困率又大幅度提高。目前贵州贫困率大约是全国同期平均贫困率的 2.5 倍,是西部同期平均贫困率的 1.5 倍左右。

图 2-2　贵州贫困率与全国贫困率比较

资料来源:根据表 2-7 和表 2-1 数据整理。

(二) 从贫困人口占全国的比重看

1978 年,由于当时中国普遍性贫困,是贵州贫困人口占全国贫困人口比重最低时期,但是经过农村联产承包制的改革利好,很多地方都走出贫困困境,但是制度利好对贵州作用有限,贵州贫困人口比重有所增加。必须通过更有针对性的扶贫攻坚才能更好地帮助贵州广大贫困农民脱贫。目前贵州省总人口占全国总人口的 2.57% 左右,但是贵州贫困人口占全国贫困人口的 9% 左右,贵州贫困人口占西部贫困人口的 17% 左右。

贵州省贫困人口多,贫困发生率高,贫困程度深。2012 年国发 2 号文件提出贵州是贫困问题最突出的欠发达省份。贫困和落后是贵州的主要矛盾,加快发展是贵州的主要任务。2015 年 6 月,习近平总书记到贵州视察期间,亲自带领四位中央政治局委员、七个省区市的书记深入贵州贫困村调研。并亲自主持召开财经领导小组全体会议,专门听取扶贫工作汇报,强调全面建成小康社会最艰巨最繁重的任务在农村,特别是在贫困地区。要科学谋划好扶贫开发工作,确保贫困人口到 2020 年如期脱贫,对新时期扶贫攻坚工作做出全面部署。

贵州贫困问题突出,扶贫形势异常严峻。以贵州省为例研究西部乃至中国贫困问题具有相当的典型性。贵州扶贫开发工作成效直接关系到2020年全国同步小康社会能否顺利实现。所以本书后面研究主要以贵州省为典型案例,通过在贵州省开展相关调研分析,了解当前的扶贫成效、扶贫发展的机会公平情况,探索更好地开展精准扶贫的思路。

本章小结

中国贫困标准大幅度提高到人均2300元,扶贫目标从单纯收入指标转变成不愁吃、不愁穿,保障义务教育、基本医疗和住房的综合大扶贫目标。随着贫困标准提高,扶贫目标的综合化,2018年中国贫困人口目前还有1660万人,贫困问题依然突出。其中,西部贫困人口占全国贫困人口的55.2%,贫困发生率高达3.17%,西部又是中国贫困的重灾区。我国划定14个集中连片特殊困难地区和592个扶贫重点县,在扶贫资金、政策重点投入、倾斜下,各贫困地区贫困问题得以极大缓解,特别是2014年以来明确精准扶贫作为我国扶贫开发的基本方略后,精准扶贫、精准脱贫成为全面决胜小康的关键步骤。贵州省作为贫困问题最突出欠发达省份,贫困发生率远高于全国和西部同期平均水平,贫困人口占全国贫困人口和西部贫困人口的比重高,贫困形势异常严峻。只有对中国当前贫困形势有明确、清晰的认识,才能更好地开展扶贫工作。

第三章 我国扶贫发展历程及扶贫成效分析

第一节 我国的扶贫发展历程

一 1949—1977年农村普遍处于生存贫困状态,开展个体分散救济性扶贫

新中国在一穷二白的基础上建立起来,由于基础设施缺乏、技术落后,加上国际社会对中国的隔离、内部的政治动荡,中国人民普遍处于绝对贫困的状况。新中国成立后全面推行土地改革、土地私有,极大地调动了农民的生产积极性,到1952年农业生产得到迅速恢复和发展。随后逐步推行农业合作社,合作社推广最初推动了农业发展,但发展到人民公社,强制入社不准退出,土地、劳动力等生产资料收归集体所有,极大地限制了农民的生产积极性。

为了工业发展制定一系列不利农业、农民发展的制度:国家1953年开始对粮食实行统购统销,通过工农产品的"剪刀差"来推动工业化;通过户籍制度划分城市户口和农村户口,严格限制农村人口的自由流动,并采取城乡不同的社会福利政策,中国特色的城乡"二元"发展结构就此确立。农村劳动力被严格束缚在有限的土地上,农业生产率极低,再加上人民公社体制下没有生产积极性,政治上不稳定,国家还通过"剪刀差"不断索取,造成该阶段中国农民普遍处于绝对生存贫困的状态。据研究表明,1952—1989年国家通过"剪刀差"从农业中提取了 9716.75 亿元, 加上农业税 1215.86 亿元, 农业净流出量达 7140.56 亿元, 即农业新增价值的 1/5 被国家拿走, 国家对农业的取与给之比为 3:1, 农业利润的大量外流是农民长期生活贫困的重要原因。可以说制度原因是造成该阶段农民普遍绝对贫困的根本原因, 并为后面贫困的发展乃至中国农村经济发展埋下不利的伏笔。[①]

该时期没有专门的扶贫政策, 实施的是以平均分配加社会救济为特征的高度计划经济发展策略。该阶段逐渐建立起一个以集体为单位的社会网络来保障农民的基本生活。在农村, 以人民公社为基础建立起以社会救助、社会福利和优抚安置为内容的集体保障体系, 并对一些特殊贫困群体实施救济性扶贫。

"五保"供养制度形成于 20 世纪 50 年代末期。1956 年《高级农业生产合作社示范章程》中规定"农业合作社对于缺乏劳动力或者完全丧失劳动能力的老、弱、孤、寡、残社员, 在生产和生活上给予适当的安排照顾, 保证他们的吃穿和薪柴的供应, 保证年幼的受到教育和年老的死后得到安葬, 使他们生养死葬都有依靠"。

1959 年开始推动农村合作医疗建立, 1968 年广大农村掀起大办合作医疗的热潮, 到 1976 年农村合作医疗得到大力推广, 90% 的大队都办了合作医疗, 大力解决了农村缺医少药的问题。

至此开始初步建立以社区"五保"制度和农村特困人口救济为主的农村社会基本保障体系, 为农村人口中没有劳动能力和无法解决最低生存需要的特贫人口提供基本的社会保障和最低水平的生活保障。[②] 由于集体制体系起到相当的保障作用, 农民生活资源虽然短缺, 但并不意味着大规模的贫困。关信平 (2003)[③] 认为, 在前三个十年中的最初十年, 农村贫困并不见得是个大问题, 因为农民的收入是平均分配的。

[①] 张磊:《中国扶贫开发政策演变 (1949—2005)》, 中国财政经济出版社 2007 年版, 第 60 页。

[②] 张岩松:《发展与中国农村反贫困》, 中国财政经济出版社 2004 年版, 第 63 页。

[③] 关信平:《现阶段中国城市的贫困问题和反贫困政策》,《江苏社会科学》2003 年第 2 期。

二 1978—1985 年经济体制改革推动扶贫，部分地区绝对贫困问题凸显

（一）家庭联产承包责任制是该时期脱贫的核心因素

1977 年安徽凤阳小岗村村民的"大包干"，拉开了中国自下而上的农村经济体制改革的序幕。1978 年年底，党的十一届三中全会对新中国成立以来经济社会发展的经验教训进行了总结和反思，就此掀开了波澜壮阔的改革开放序幕。农村经济体制改革最先突破展开，解散人民公社，实行家庭联产承包责任制，解放生产力极大地调动了农民生产的积极性。1978 年 12 月党的十一届三中全会通过《中共中央关于加快农业发展若干问题的决定》，第一次明确提出中国存在较大规模的贫困人口。1978—1985 年这一时期通过体制改革是我国农民收入增长最快的时期，也成为我国农村贫困人口下降最快的时期，农村人均纯收入 206 元（相当于全国农村人均纯收入水平的 50%）以下的贫困人口从 1978 年的 2.5 亿下降到 1.25 亿，贫困人口减少了一半。贫困率的大幅度下降根本原因在于制度创新和体制改革，家庭联产承包责任制的富民政策取代了人民公社时期的"平均主义"的分配政策，再配合农产品价格提高、农业贸易条件改善，农民生产热情空前高涨。1979 年政府提高了 18 种主要农副产品的收购价，平均提价幅度达 24.8%；到 1984 年年底，又逐步缩小农产品统购派购的范围和数量，农产品统购派购的品种由原来的 113 种减少到 38 种。在一系列的农村经济体制改革的带动下，农民收入大幅度提高，中国农村的贫困状况也得以大为改观，贫困率降幅也创纪录地达到新中国成立后的历史最高水平。家庭联产承包责任制的制度创新带来的辉煌成就被中外学者普遍认可。

在该阶段农民开始出现分化，大部分农民脱离了绝对生存贫困的状态，但部分自然条件比较差的老少边穷地区则处于持续贫困中，贫困地区的绝大部分农民依然普遍面临严重的生存问题。

（二）"三西"农业建设项目的实施

政府逐渐意识到贫困问题的严重性，开始实行专项扶贫政策并对极贫地区进行扶持。1982 年，国务院决定对以甘肃省定西为代表的中部干旱地区（20 个县）、河西地区（19 个县）和宁夏西海固地区（8 个

县）实施"三西"农业建设计划，专项拨款 20 亿元（每年 2 亿元），建设期 10 年。提出的目标是，3 年停止破坏，5 年解决温饱，2 年巩固提高。在实施过程中，制定了"兴河西之利，济中部之贫"的发展战略，对一方水土养不活一方人的特殊干旱地区实施大规模的自愿移民搬迁。"三西"建设在中国扶贫史上具有重要意义，开创了中国区域性扶贫的先河，并为之后有计划、有组织、大规模的全国性扶贫开发积累了大量经验。

（三）以工代赈计划

1984 年开始实施以工代赈计划，由原国家计划委员会（现国家发改委）安排投资，是为改善贫困地区基础设施而设立的扶贫计划。以工代赈要求救济对象通过参加必要的社会公共工程建设而获得赈济实物或现金的一种带救济性质的扶贫方式。以工代赈以公共投资的方式实施，其扶贫目标是改善贫困地区的基础设施和社会服务，在 20 世纪 80 年代以修筑道路、农田基本建设、水利工程和人畜饮水工程为主要内容，有效改善贫困地区的生存环境，为贫困地区经济增长提供必要条件，并增加贫困人口的非农收入。

（四）扶贫方针的初步确定

1984 年 9 月 29 日，国务院发布了《关于帮助贫困地区尽快改变落后面貌的通知》，认识到由于自然条件、工作基础和政策落实的差异，农村经济还存在发展不平衡的问题，特别还有几千万人口的地区仍未摆脱贫困，群众的温饱问题尚未完全解决，解决好这些老、少、边、穷地区的问题有重要的经济和政治意义。提出要改变扶贫资金单纯用于救济的方式，提出应该重点投入发展生产，发展商品经济搞活流通，并明确对贫困地区的优惠政策，减免农业税，对来贫困地区办企业的减免所得税，对农、林、牧、副、土特产品实行自由购销等。这一文件成为扶贫开发工作重要的指导文件，也是中国政府把反贫困工作作为政府重要任务的标志性文件之一。

（五）确定 18 个集中连片的贫困地区

1985 年中国农村人均纯收入 200 元（相当于当时全国农村人均纯收入水平的 50%）以下的贫困人口有 1.25 亿，占当时农村总人口的 14.8%，其中近 4000 万人的年均纯收入不足 50 元，占农村人口总数的

4.4%。这些贫困人口居住较为集中,大部分分布在 18 个集中连片的贫困地区:东部的沂蒙山区、闽西南及闽东北地区;中部的努鲁尔虎山区、太行山区、吕梁山区、秦岭大巴山区、武陵山区、大别山区、井冈山区、赣南地区;西部的定西干旱地区、西海固地区、陕北地区、西藏地区、滇东南地区、横断山区、九万大山地区、乌蒙山区、桂西北地区。由于这些地区多数位于经济发展相对落后的中部和西部的山区,相当一批是革命老区、少数民族地区和边远地区,因而人们将贫困人口聚居的地区习惯上称为"老、少、边、穷"地区。① 这些地区主要的贫困特征是:生态环境恶劣、地理位置偏远、基础设施落后、人力资本缺乏、农业生产率低、市场化和非农化程度低下。确定集中连片贫困地区为下一步区域扶贫做好准备。

这一时期体制改革自发性的经济增长带来中国反贫困取得最辉煌成绩的同时,政府也开始意识到贫困问题的严重性,体制改革带来中国农村经济快速增长,农民生活得以普遍改善的同时,还有不少地区依然非常贫困落后。政府开始着手把扶贫工作列入政府工作日程,对贫困地区进行专项扶持。1984 年发布的《关于帮助贫困地区尽快改变落后面貌的通知》标志着中国政府第一次真正意义上把反贫困纳入国家的重要任务,是中国反贫困历程中里程碑式的文件,吹响了政府扶贫的号角。集中连片的贫困地区确定,如何帮助这些受自然条件、地理条件、基础设施等众多因素制约,无法依靠自身发展起来的贫困地区成为中国政府反贫困的关键,单纯输血式的救济扶贫已不能解决问题,由于贫困地区的贫困人口比较集中,政府开始尝试以扶贫开发带动区域发展来减少贫困的全新扶贫方式。

三 1986—1992 年贫困人口众多较集中,政府开始大规模的开发式扶贫

(一)国务院扶贫办成立开启政府主导的开发扶贫征程

以 1986 年 5 月 16 日成立的国务院贫困地区经济开发领导小组为标

---

① 国务院扶贫办:《中国农村扶贫开发概要》,2006 年,http://www.cpad.gov.cn/data/2006/1120/article_331600.htm。

志，中国政府开始启动有计划、有组织的大规模农村开发式扶贫，从此扶贫工作步入规范化、机构化、专业化的崭新阶段。1993年后改名为国务院扶贫开发领导小组沿用至今，由国务院牵头，包括财政部、中国人民银行、发改委、国土资源部等几十个国家部委共同参与。1986年国务院扶贫办的成立，标志着中国扶贫开发从道义扶贫向制度扶贫转变，由救济式扶贫向开发式扶贫转变。

开发式扶贫是中国结合自身实际情况独创的一种全新扶贫模式，就是在国家必要支持下，利用贫困地区的自然资源，进行开发性生产建设，逐步形成贫困地区和贫困户的自我积累和自我发展的能力，主要依靠自身力量解决温饱问题并实现脱贫致富。开发式扶贫希望通过区域经济发展的涓滴效应带动贫困农民生活改善，是符合当时中国农村集中连片贫困地区的现实情况。贫困地区基础条件落后，通过改善贫困地区的基础设施、挖掘贫困地区的经济潜力，在国家政策扶持下提高贫困地区的经济发展水平可以解决当地居民温饱问题，是一种切实有效的反贫困手段。从个别的救济性扶贫到大规模的开发式扶贫是中国扶贫战略的重大改变，从此以后开发式扶贫成为扶贫工作的基本方针，成为扶贫工作的重点所在。

（二）国家贫困县划定开始了区域瞄准的扶贫机制

1986年中央政府第一次确定了国家贫困县的标准：以县为标准，1985年人均纯收入低于150元的县，年人均纯收入低于200元的少数民族自治县；对民主革命时期做出过重大贡献、在海内外有较大影响的老区县，给予重点照顾，放宽到人均年纯收入300元。在此标准上扶贫领导小组1986年认定了258个国家贫困县。贫困县第一轮认定工作后，政府继续对贫困县数量进行调整。1988年，扶贫领导小组将国家贫困县增加到328个，同时又有370个县被确定为省级贫困县。但由于各省政府讨价还价和游说能力差异，导致很多地处云南和贵州等西部符合贫困县标准却没能被划为贫困县的贫困地区，无法享受到相关扶贫照顾，扶贫瞄准存在较大偏差。

(三)"七五"计划第一次明确提出扶贫战略

1986年《国民经济和社会发展第七个五年计划》①提出必须重视少数民族的经济和文化建设,同时采取有力措施,积极扶持老革命根据地、边境地区和其他贫困地区改变落后面貌。国家和发达地区要对这些地区继续给予财力、物力和技术力量的支持。要进一步放宽政策,培植和增强这些地区内在的活力,使它们更好地在国家扶持下,主要依靠本地区的力量,加快经济和文化建设的发展。"七五"计划是我国政府第一次明确提出扶贫战略,为扶贫工作开展提供明确目标。

(四)发布相关文件推进扶贫开发

(1) 1987年,国务院发布了《关于加强贫困地区经济开发工作的通知》(国发〔1987〕95号)文件,认为扶贫工作已经初步完成从单纯救济向经济开发的根本转变。目前最主要的问题是,工作发展不平衡,扶贫没有完全落实到户,解决温饱不够稳定。当前工作是在坚持改革的基础上,提高开发资金的使用效益,实现"七五"期间解决贫困地区大多数群众温饱问题的目标,加快低收入人口脱贫致富的步伐,为改变贫困地区经济、文化落后面貌创造条件,这就是经济开发全部工作的基本出发点。提出发展商品经济,优化产业结构,主张重点发展、扶持龙头企业作为扶贫经济实体,带动贫困户脱贫。提出要按经济效应分配扶贫资金,重视智力开发和科技扶贫的重要性,还提出要办好农村职业教育和成人教育,对农民进行专业培训。

(2) 1990年2月23日,国务院公布的《批转国务院贫困地区经济开发领导小组关于九十年代进一步加强扶贫开发工作请示的通知》提出,1991年开始全国贫困地区要在解决大多数群众温饱问题的基础上,转入以脱贫致富为主要目标的经济开发新阶段。提出对贫困地区的资源开发实行倾斜政策,有重点地安排一批骨干项目。开发中、西部自然资源;继续增加扶贫资金和物资投入;制定促进贫困地区发展的区域性特殊政策;进一步加强对扶贫开发工作的领导,健全、稳定扶贫机构。

这一时期,反贫困正式进入以政府为主导、以县为瞄准对象,促进

---

① 《国民经济和社会发展第七个五年计划》,http://www.sdpc.gov.cn/fzgh/ghwb/gjjh/P020070912629552307981.pdf。

区域发展的扶贫开发阶段。但这一时期扶贫资金主要投向工业,"促进区域经济增长"的反贫困政策从实质演变成"促进贫困地区工业化"的反贫困政策。对中国农村反贫困起到最重要作用的是经济增长,林伯强(2003)、胡兵等(2007)已有的研究可以发现,1985—1990年由于中国收入不均等状况较低,增长有效减少了贫困,这是经济增长对贫困减少作用最大的一个时期。政府非常重视扶贫工作,在"七五"计划首次明确提出了扶贫战略,并发布一系列加强贫困地区经济开发的文件,但扶贫工作依然严峻,还有8000万左右农民没有解决温饱问题,政府决定向贫困宣战,吹响扶贫攻坚的号角。

四 1993—2000年开发式扶贫进入攻坚阶段,生存贫困得以基本解决

(一)明确扶贫攻坚方向

1993年11月5日,国务院发布《关于当前农业和农村经济发展的若干政策措施》(中发〔1993〕11号)文件,提出要集中力量打好扶贫开发的"攻坚战"。提出我国仍有8000万人没有完全稳定解决温饱问题,主要集中在老、少、边、穷地区,自然条件恶劣,扶贫难度大。要继续坚持扶贫开发工作按照"分级负责、关键在省"的原则,进一步加强领导,集中力量打好攻坚战。中央、地方都要增加扶贫投入,中央扶贫资金重点用于最贫困的省、区。东部经济发达省、市扶贫资金由地方支付负责。再扩大以工代赈规模,重点扶持最贫困地区修建公路、基本农田和解决人畜饮水。

(二)1994年正式进入扶贫攻坚阶段

1994年4月15日,国务院发布《国务院关于印发国家"八七"扶贫攻坚的通知》(国发〔1994〕30号)文件,提出扶贫进入攻坚阶段,从1994年到2000年集中人力、物力、财力,动员社会各界力量,力争用7年时间基本解决全国农村8000万贫困人口的温饱问题。坚持开发式扶贫的方针,重点发展投资少、见效快、覆盖广、效益高、有助于直接解决群众温饱问题的种植业、养殖业和相关的加工业、运销业;发展乡镇企业;组织劳务输出;对极少数生存和发展条件特别困难的实行开发式移民。国家从1994年起再增加10亿元的以工代赈资金和10亿元贴息贷款资金执行到 2000 年，今后随着财力的增长，还将继续增加扶贫投入。明确对广东等 6 个经济发达的省份中央不再扶持，由地方政府负责，把扶贫资金集中用于中西部贫困严重的省份。认为贫困人口主要集中在国家重点扶持的 592 个贫困县，明确扶贫资金主要投向国家划定的贫困县，并以贫困县中的贫困乡作为资金投放和项目覆盖的目标。提出银行的扶贫贷款要用于经济效益好、能还贷的开发项目；财政扶贫资金主要用于社会效益较好的项目；新增的以工代赈主要用于修筑公路及解决人畜饮水困难。提出各级政府要把扶贫资金列入财政预算，保证用于扶贫开发。提出东西协作，北京、天津等沿海发达市要对口帮助西部贫困省份。坚持分级负责、以省为主的省长负责制，省长要亲自抓，负总责，及时协调解决重要问题。"八七扶贫攻坚计划"是新中国历史上第一个有明确目标、明确对象、明确措施和明确期限的扶贫开发行动纲领。

1994 年制订"八七"扶贫攻坚计划时，扶贫办重新调整了国家贫困县的标准，凡是 1992 年人均年纯收入低于 400 元的全部纳入，凡是 1992 年人均年纯收入高于 700 元的贫困县一律退出，由此确定出 592 个国家贫困县。新的贫困县增加了贵州、云南、甘肃等贫困面广的西部省份的数量。

（三）发布相关文件推动攻坚计划的实行

（1） 1996 年 10 月 23 日，国务院为了配合完成"八七"扶贫攻坚计划发布《关于尽快解决农村贫困人口温饱问题的决定》，把解决贫困人口温饱问题作为首要任务，坚持开发式扶贫，把种植业、养殖业、农副产品加工业作为扶贫开发的重点，坚持扶贫到村到户。增加扶贫投入，中央财政每年增加 15 亿元用于最贫困省的基础设施建设及推广科技和农民培训，每年再增加 30 亿元的扶贫贷款。要求地方政府配套资金要提高到中央扶贫投入的 30%—50%。中央各类专项扶贫资金要全部用于贫困县，做到资金、权力、任务、责任"四个到省"。

（2） 1997 年 7 月 15 日，国务院发布《国家扶贫资金管理办法》（国发〔1997〕24 号）文件，明确国家扶贫资金是指中央为解决农村贫困人口温饱问题、支持贫困地区社会经济发展而专项安排的资金，包括支援经济不发达地区发展资金、"三西"农业建设专项补助资金、新增财政扶贫资金、以工代赈和扶贫专项贷款。要求国家各项扶贫资金必须全部用于国家重点扶持的贫困县，并以这些县中的贫困乡、村、户作为资金投放、项目实施和受益的对象。非贫困县中零星分散的贫困乡、村、户和省级贫困县由各地方政府自行筹集。明确地方扶贫配套的比例，扶贫项目以贫困户为对象，以解决温饱为目标，以有助于直接提高贫困户收入的产业为主要内容。

（3）2000年，财政部、国务院扶贫开发领导小组、国家发展计划委员会颁布《财政扶贫资金管理办法（试行）》和《财政扶贫项目管理费管理办法（试行）》文件，对扶贫资金用途、分配、管理进行明确规定，成为中国扶贫资金管理的基本政策依据。以工代赈和新增财政扶贫资金全部用于国定贫困县；发展资金重点用于国定贫困县，也可根据实际情况安排一定比例用于非国定贫困县。资金分配方案一改过去由财政部、发改委等管理部门单独设计的局面改为要同国务院扶贫办共同协商，由扶贫办提出统一分配方案的改变。规定省级及以下财政部门要建立财政扶贫资金专户，实行专项管理，封闭运行，并推选报账制管理，对扶贫开发发生数额较大的购买性支出实行政府采购。省级及以下政府的配套扶贫资金不得低于中央的30%。

（4）1999年，国务院为了保障扶贫攻坚计划的胜利完成，发布《关于进一步加强扶贫开发工作的决定》（中发〔1999〕10号）文件，提出坚持扶贫攻坚落实到贫困村、贫困户，以贫困村为基本扶贫单位，以贫困户为工作对象。集中力量发展种养业和改善基本生活条件。多渠道增加扶贫投入，扶贫资金主要用于修田造地、解决人畜饮水困难和科技培训、推广农业实用技术。以工代赈主要用于建设基本农田、兴修小型水利和修建乡村道路。扶贫贷款主要用于增加贫困户的种养项目，小额信贷作为一种扶贫到户的有效形式要积极推广。坚持科教扶贫，把提高农民科技文化素质放在更加突出的位置，切实抓好贫困地区的基础教育和扫除青壮年文盲的工作，大力开展农业生产技术和各种职业技能培训。加强贫困村的基层组织建设。

（四）专门对特殊困难群体进行扶持

1992年，国家设立康复扶贫专项贷款，对贫困残疾人进行扶持。1994年"八七扶贫攻坚计划"以及残疾人专项康复扶贫贷款，已使

300万贫困残疾人解决温饱，但到1998年贫困残疾人还占全国贫困人口的1/3，而且70%的贫困残疾人生活在非贫困县，缺少国家特别扶持，残疾人的温饱问题成为扶贫攻坚的薄弱点，为此1998年国务院扶贫开发领导小组、中国人民银行、财政部、中国农业银行、中国残疾人联合会发表了《残疾人扶贫攻坚计划（1998—2000年）》，确定残疾人扶贫的目标、任务、途径、措施、政策，对残疾人扶贫工作进行全面部署，加强基层残疾人扶贫体系建设。经过多方努力，到2000年年底贫困残疾人口降到979万人。

这一时期开始注意到妇女贫困问题，在农村贫困地区组织妇女参加"双学双比"（学文化、学技术、比成绩、比贡献）的活动。中华全国妇女联合会通过建立扶贫联系点、联系户开展文化技术培训和小额信贷，组织贫困地区妇女劳务输出、手拉手互助以及兴办妇女扶贫项目等多种形式，先后帮助347万贫困妇女脱贫。在国家动员下社会广泛开展对贫困地区妇女的救助活动，如救助贫困母亲的"幸福工程"、援助西部缺水地区的"母亲水窖工程"、资助贫困地区失学女童的"春蕾计划"等都帮助加快了贫困地区妇女脱贫的步伐。

（五）科教扶贫政策共同推进扶贫攻坚

1996年，国家科委提出《1996—2000年全国科技扶贫规划纲要》，加强科技扶贫的政策指导。1995—2000年，国家教委和财政部联合组织实施了"国家贫困地区义务教育工程"投入资金超过100亿元，帮助贫困地区普及九年义务教育，是新中国成立以后规模最大的基础教育扶贫工程，为贫困地区完成普九和扫除青壮年文盲的"两基工程"打下坚实基础，并极大地改善了贫困地区中小学的办学条件。

扶贫攻坚阶段继续延续以区域（贫困县）为瞄准对象的大规模开发式扶贫战略，但跟前一阶段略有不同：

1. 对贫困县进行了调整

1994年增加了贫困县的数量并增加了西部贫困省份的贫困县名额。以县为瞄准对象，在扶贫开发的初始阶段，贫困县贫困人口所占比例很大的情况下是十分有效的，在一定程度上还降低了扶贫的管理成本。但发展到后面即使是贫困县数量增加到592个还是不可能覆盖全部的贫困人口，所以这一阶段扶贫只以国家贫困县作为瞄准对象，资金只瞄准贫困县会造成相当数量非国家贫困县的贫困人口没有得到国家扶贫资金的扶持。1997年的扶贫资金管理办法更是强化扶贫资金必须全部用于贫困县，非贫困县只能靠地方政府自己筹集。这样的政策会造成极大的不公平，贫困县里很多非贫困人口分享了扶贫资金的好处而非贫困县的贫困人口却被排斥在外。1996年后开始意识到以县为瞄准目标，扶贫资金到贫困县会出现瞄准偏差大的问题，开始提出贫困到村到户的重要性，1999年明确提出坚持落实资金到村到户是关键。

2. 贴息贷款投向发生根本变化

20世纪80年代的扶贫计划中提出通过发展龙头企业作为扶贫实体带动贫困人口脱贫，大部分的贴息贷款资金投向龙头企业。后来发现龙头企业发展未必能带动贫困农民脱贫，以龙头企业为扶贫对象瞄准偏差大，而种养加工业跟农民生活息息相关会直接受惠于贫困农民。1994年后的扶贫攻坚计划中扶贫贷款资金实现从投向龙头企业到种养加工业的根本性转变。说明政府意识到扶贫到户的重要性，单纯发展经济支持企业未必能直接受惠于贫困人口，必须让贫困人口真正受益才能解决贫困问题。小额信贷在90年代后期得以推广，也可以很好地解决扶贫贷款很少惠及穷人的问题。这一时期反贫困政策从上一阶段的"促进贫困地区工业化"转变成"满足贫困人口基本需求与促进贫困地区农业发展并重"。

3. 明确以省为主的管理机制

1994年后明确了扶贫开发分级负责、以省为主的管理机制，实行资金、权力、任务、责任四个到省。1994年后提出东西协作计划，不仅有中央对地方的纵向扶贫，还要求东部发达省市也参与扶贫，实行横向扶贫模式。为了更全面监地控贫困发展动态情况，从1997年开始对贫困县的农村住户开始进行抽样调查。

4. 社会多方参与扶贫

民间扶贫项目增多（如"希望工程"帮助失学儿童、"春蕾计划"帮助失学女童、"幸福工程"为妇女提供小额信贷等），国际机构也广泛参与（世界银行开展西南、秦巴、西部扶贫贷款项目等）。1995—2000年，国际组织在中国扶贫领域的投入约为55亿元人民币，其中扶贫贷款44亿元、扶贫捐赠11亿元（李周，2001），对中国扶贫起到很好的补充作用,并帮助中国提高、深化对贫困的认识,改进反贫困的方式、方法。

1994年的《国家"八七"扶贫攻坚计划》和1996年的《关于尽快解决农村贫困人口温饱问题的决定》这两个纲领性扶贫文件的颁布施行,标志着中国农村扶贫行动体系基本形成。到2000年"八七扶贫攻坚计划"顺利完成,基本实现了解决8000万人温饱问题的目标,农村贫困率下降到3%左右,贫困地区生产生活条件得以明显改善。在经济增长的强力推动和国家开发式扶贫战略的强势干预下,单纯的收入贫困已经不再是中国社会发展的主要问题,而以收入差距过大、城乡差距、工农差距及农村内部分化为主要特点的差异格局构成了21世纪中国经济发展的新挑战。①

五 2001—2010年贫困人口大幅度减少,以村为单位实现开发扶贫为主、救济性扶贫为辅的根本性转变

2002年,党的十六大提出全面建设小康社会,2004年后连续几年推出一系列促进"三农"发展的中央一号文件及2005年"十一五"规划提出建设社会主义新农村战略都表明中国政府对"三农"问题的重视,在"多予少取放活"方针指导下公共服务正在逐步普照农村。特别是2006年全面取消农业税减轻农民身上沉重的税费负担,结束上千年的"皇粮国税"的历史,并对农民实行粮食直补等开创了中国农业发展的新篇章。在这一系列惠农政策的实施下,再加上政府多年不懈努力推动扶贫工作,贫困人口大幅度减少,中国农村贫困状况发生质的改变。

(一)继续开发式扶贫,实行整村推进

2001年6月13日,国务院发布《中国农村扶贫开发纲要(2001—2010)》(国发〔2001〕23号),针对贫困线过低的质疑,2000年开始制定农村低收入线。纲要把到2000年年底为止3000万的贫困人口和6000万的低收入人口作为新阶段农村扶贫开发的基本对象。明确2001—2010年扶贫开发的总奋斗目标是:一是尽快解决极少数贫困人

---

① 张磊:《中国扶贫开发政策演变(1949—2005年)》,中国财政经济出版社2007年版,第143页。

口的温饱问题；二是进一步改善贫困地区的基本生产、生活条件巩固温饱成果，提高贫困人口的生活质量和综合素质；三是加强贫困乡村的基础设施建设，改善生态环境，逐步改变贫困地区经济、文化的落后状态，为达到小康水平创造条件。基本方针仍是坚持开发式扶贫，坚持综合开发、全面发展，坚持可持续发展，坚持政府主导。认为人口、资源、环境的失衡是农村贫困的根本原因，所以扶贫开发必须与资源保护、生态建设相结合，与计划生育相结合。按照集中连片的原则国家把贫困人口集中的西部少数民族地区、革命老区、边疆地区和特困地区作为扶贫开发的重点，重新确定了592个国家扶贫开发工作重点县，提出参与式扶贫。继续把发展种养业作为扶贫开发的重点。推进农业产业化经营，对具有资源优势和市场需求的农产品生产，要按照产业化发展方向，连片规划建设，形成有特色的区域性主导产业，积极发展"公司加农户"和订单农业。推行自愿移民搬迁。逐年增加扶贫资金、信贷资金，扩大以工代赈规模，提出国家扶贫资金主要用于扶贫开发工作重点县外，还可以适当支持其他贫困地区。积极推广扶贫到户的小额信贷，提出西部大开发与扶贫开发相结合。

国务院扶贫办2005年3月对纲要的实施情况进行中期评估[1]，认为纲要施行取得阶段性成果：完成4.51万个贫困村的整村推进，在全国认定近800家扶贫培训基地，建成了国家、省、市、县四级贫困地区劳动力转移培训网络，培训了318万贫困农户实行非农就业，支持了一大批扶贫龙头企业，带动结构调整和农民增收；对不具备生存条件地区的150多万贫困人口实行了易地扶贫。贫困人口继续减少，贫困地区农村经济社会发生深刻变化。提出贫困群体的弱势地位突出，收入差距不断扩大，从纲要实施五年的情况看，扶贫工作已由"八七扶贫攻坚计划"解决温饱为主转入解决温饱和巩固温饱并重的阶段。现阶段扶贫开发的特点是，脱贫成本增加，减贫速度减缓，贫困人口分布呈点（14.8万个贫困村）、片（特殊贫困片区）、线（沿边境贫困带）并存的特征；贫困群体呈现大进大出的态势。

---

[1] 国务院扶贫办《中国农村扶贫开发纲要（2001—2010）中期评估政策报告》，2006年，http://www.cpad.gov.cn/data/2006/1120/article_331603.htm。

(二) 2005 年后扶贫思路调整，提出救济扶贫作为开发式扶贫的补充

国务院扶贫办在对纲要的中期评估报告里提出"十一五"扶贫工作的基本思路：目标是基本解决农村贫困人口的温饱问题，并增加收入；按社会主义新农村要求，基本完成 14.8 万个贫困村的整村推进扶贫规划，基本实现行政村通广播电视、通公路，自然村通电，进一步改善人畜饮水和医疗条件，全面普及九年义务教育。基本原则是继续开发式扶贫的基本方针，辅之以救济救助式扶贫，并逐步建立农村社会保障体系。提出"一体两翼"的扶贫战略，"一体"是整村推进，以整村推进为切入点，改善贫困地区生活条件。"两翼"是产业化扶贫和劳动力转移培训，加大培训力度，提高劳动者素质，抓好产业化扶贫，调整农业结构，培育增收产业。加强扶贫资金管理，提高使用效益。强化扶贫的工作机制，以贫困人口为对象的瞄准机制；贫困人口参与机制；力量整合机制；企业带动机制；社会动员机制；激励奖惩机制。

2006 年，财政部、国务院扶贫办发布《财政扶贫资金绩效考评试行办法》（财农〔2006〕18 号）文件，开始对财政扶贫资金使用情况进行考评。2008 年，财政部、国务院扶贫办修订 2006 年的办法重新发布《财政扶贫资金绩效考评试行办法》（财农〔2008〕91 号），以结果为导向对扶贫资金开发成果和扶贫项目实施情况、省级财政扶贫资金预算安排情况进行绩效考核，通过绩效考核建立财政扶贫资金的激励机制促进扶贫工作完成。

(三) 加强教育培训力度，更好地推动扶贫

1. "雨落计划"更好地推动劳动力转移培训

2004 年，国务院扶贫办发布《关于加强贫困地区劳动力转移培训工作的通知》（国开办发〔2004〕57 号）文件，贫困地区农村劳动力素质低、非农就业难等问题突出，已成为制约开发工作的"瓶颈"之一。抓好劳动力转移培训，可以提高贫困群众的综合素质和外出务工的就业能力，进而促进增加收入，加快脱贫步伐。从长远看可以缓解贫困地区的生态压力，提高我国服务业水平和制造业的竞争力。劳动力转移培训的对象为国家和省定扶贫开发工作重点县的贫困农户（年收入 865 元以下），重点是 18—35 周岁、小学以上文化程度的青年劳动力。扶贫

办在全国认定了11个示范培训基地。培训以订单培训为主，中央专项安排中西部每个示范基地所在省100万元，东部每个示范基地50万元（采取异地培训专业方式进行）。对参训人员发放培训券。

2007年，国务院扶贫办发布《关于印发关于贫困地区实施"雨露计划"的意见》和《贫困青壮年劳动力转移培训工作实施指导意见的通知》（国开办发〔2007〕15号），为了进一步提高贫困人口素质，增加贫困人口收入，加快扶贫开发和贫困地区社会主义新农村建设、构建和谐社会的步伐，在贫困地区实施"雨露计划"。"雨露计划"以政府主导、社会参与为特色，以提高素质、增强就业和创业能力为宗旨，以职业教育、创业培训和农业实用技术培训为手段，以促成转移就业、自主创业为途径，帮助贫困地区青壮年解决就业、创业中遇到的实际困难，最终达到发展生产、增加收入，促进贫困地区经济发展。"雨露计划"的实施标志着我国的扶贫开发工作由自然资源开发为主发展到自然和人力资源开发并举的新阶段。"雨露计划"的对象为：扶贫工作建档立卡的青壮年（16—45岁），贫困户中复原退伍士兵，扶贫开发工作重点村的村干部和带动贫困户脱贫的致富骨干。目标是"十一五"期间，帮助500万经过培训的青壮年贫困农民和20万贫困地区复员退伍士兵成功转移就业；通过创业培训，使15万左右扶贫开发工作重点村的干部及致富骨干真正成为贫困地区新农村建设的带头人，通过农业实用技术培训，使每个贫困农户至少有一名劳动力掌握1—2门有一定技术含量的农业生产技术。"雨露计划"采取对贫困劳动力免费发放"培训券"，学成后学员签字培训机构就可到财政部门报账的形式。

2. 农村义务教育得到更好保障

2003年，国务院发布《国务院关于进一步加强农村教育工作的决定》（国发〔2003〕19号）文件，提出加快推进西部"两基"（基本普及九年义务教育和基本扫除青壮年文盲）攻坚任务，促进扶贫开发、民族团结，维护边疆稳定。提出建立健全扶持农村家庭经济困难学生接受义务教育的助学制度，保障农村适龄儿童接受义务教育的权利。对农村义务教育阶段家庭困难的学生实现"两免一补"（免费提供教科书、免学杂费并补助寄宿生生活费）。提出以流入地政府管理为主、以公办中小学为主，保障进城务工就业农民接受义务教育。实施农村中小学远程教育工程，保证城乡教育资源共享，提高农村教育质量。落实农村义务教育"以县为主"的管理体制，加大投入。"两基"工程促进贫困地区人口素质的提高，"两免一补"切实减轻贫困农民教育负担，加快贫困地区脱贫步伐。

(四) 农村社会保障、社会救济体系逐步建立

1. 新农村合作医疗全面推广和医疗救助的建立

改革开放后，以队为保障单位的旧农村合作医疗随之解体，农民没有任何的医疗保障，造成因病致贫、因病返贫人数剧增成为贫困的重要原因。2002年10月19日，《中国中央、国务院关于进一步加强农村卫生工作的决定》（中发〔2002〕13号）文件提出要逐步建立以大病统筹为主的新型农村合作医疗制度（以下简称新农合）和医疗救助制度。中央和省级政府要把卫生扶贫纳入扶贫计划，作为政府扶贫工作的一项重要内容，并在国家扶贫资金总量中逐步加大对卫生扶贫的投入，帮助贫困地区重点解决基础卫生设施建设，改善饮水条件，加强妇幼卫生和防治传染病、地方病等方面的困难。新农合是一种农民自愿参加，个人、集体和政府多方筹资，以大病统筹为主的农民医疗互助共济制度。新农合使农民医疗负担大幅度减轻，贫困状况得以一定程度缓解。2003年，民政部、卫生部、财政部还专门发布《关于实施医疗救助的意见》（民发〔2003〕58号）文件，对患大病的农村"五保户"和贫困农民家庭实行医疗救助制度。

2. 农村最低生活保障制度建立

2007年7月11日，国务院发布《国务院关于在全国建立农村最低生活保障制度的通知》（国发〔2007〕19号），为切实解决农村贫困人口的生活困难，决定2007年在全国范围内建立农村最低生活保障，稳定、持久、有效地解决全国农村贫困人口的温饱问题。农村低保实行地方政府负责制，保障对象是家庭人均年纯收入低于当地最低生活保障标准的农民，主要是因病残、年老体弱、丧失劳动力及生存条件恶劣等原因造成生活常年困难的农民。

3. 农村养老保险推广

2009年9月1日，国务院发布《国务院关于开展新型农村社会养老保险试点的指导意见》（国发〔2009〕32号）文件，决定从2009年

起开展新型农村社会养老保险（以下简称新农保）试点工作。探索建立个人缴费、集体补助、政府补贴相结合的新农保制度，实行社会统筹与个人账户相结合，与家庭养老、土地保障、社会救助等其他社会保障政策相配套，保障农民老年基本生活。

（五）发展、巩固退耕还林还草工程

为了改善生态环境，我国从 1999 年开始试点退耕还林还草工程。2000 年，国务院发布《关于进一步做好退耕还林还草工作的若干意见》（国发〔2000〕24 号）文件，明确规定对退耕还林农户直接发放粮食和现金补助。并对居住在生态地位重要、生态环境脆弱、已丧失基本生存条件地区的人口实行生态移民。实行"目标、任务、资金、粮食、责任"五个到省。2007 年，为了巩固退耕还林已取得成果，解决退耕还林农户长远生计问题，国务院发布《关于完善退耕还林政策的通知》（国发〔2007〕25 号）文件，继续对退耕农户直接补助，建立巩固退耕还林成果的专项资金主要用于西部地区、京津风沙源治理区和享受西部地区政策的中部地区退耕农户的基本粮田建设、农村能源建设、生态移民及补植补造，并向特殊困难地区倾斜。专项资金从 2008 年起按 8 年集中安排，实行专户管理，专款专用，并与原有国家各项扶贫资金统筹使用。据统计，退耕还林补助总体上约占退耕农户人均纯收入的 10%，西部地区 400 多个县高于 20%，宁夏、云南一些县达 45%。[①] 中央专项退耕还林还草工程补助惠及上亿农户，不仅改善生态环境，更成为贫困农户的重要收入来源，还改变贫困地区的发展模式，促进农业产业结构调整。所以，我国贫困监测报告把退耕还林资金也列入扶贫资金进行统计。

（六）2009 年后贫困线标准提高，扶贫对象扩大

针对我国贫困线标准偏低造成贫困低估的问题，2000 年后划定了低收入线，对低收入人群也进行贫困监控。由于低收入人口生活困难、非常脆弱，很容易又跌入贫困陷阱，是返贫的主要来源。2009 年我国对贫困线进行调整，把贫困线和低收入线合并，并提高了贫困线标准，

---

① 新华社：《发改委副主任王金祥就完善退耕还林政策答问》，2007 年，http：//www1.china.com.cn/policy/txt/2007-09/12/content_8861399.htm。

这样低收入人群也被纳入扶贫对象，保证更多贫困人口得到应有扶持。由于贫困标准提高1196元，导致我国2008年按新贫困标准计算贫困人口增加到4000万，贫困人口依然巨大。

（七）加强对少数民族的扶持

国家民委、发改委、财政部、中国人民银行、国务院扶贫办联合发布了《扶持人口较少民族发展规划（2005—2010）》，我国有22个少数民族人口在10万以下，统称为人口较少民族，针对贫困问题突出、生活条件差、社会事业发展滞后等问题进行专项扶持，希望通过5年努力，基本解决现有贫困少数民族的温饱问题，根本解决人口较少民族聚居地区的基础设施和生产生活条件问题。

21世纪头十年，随着中国农村贫困形势的变化，农村扶贫政策也有了一些质的改进。

1. 县级瞄准转向村级瞄准

国家贫困县改称为扶贫开发工作重点县，重新划定592个扶贫开发重点县，但是瞄准机制已改为村级瞄准，提出整村推进计划。确定了14.8万多个贫困村，覆盖大约83%的农村贫困人口（国家统计局农调队，2004）。但县一级政府仍是决定扶贫资金分配的基本单位。

2. 扶贫开发开始注意对人力资源开发

意识到人力资源开发的重要性，加大对劳动力培训力度。不再单纯追求经济发展，希望通过人力资源开发提高农民的发展能力来实现脱贫。

3. 提出扶贫开发为主，辅之救济性扶贫

最为核心的改进是扶贫政策不再是单纯强调开发扶贫，也意识到救济扶贫的重要性，提出开发为主，辅之救济式扶贫，逐步完善农村社会保障和社会救助体系，通过综合扶贫来保证贫困人口的基本生活。开发式扶贫只适用有劳动力的贫困群体，希望救济式扶贫能覆盖到扶贫开发没能覆盖的贫困人群。通过开发扶贫为主、救济扶贫为辅，实现全覆盖，使所有贫困人群都能根据各自情况得到应有扶贫帮助。

中国政府除了继续推行专项扶贫外，还在"多予少取放活"的方针指导下推出多项惠农政策，构建并逐步完善农村社会保障体系，通过综合、全方位的广义扶贫政策共同推进中国农村反贫困的进程。

六 2011—2013 年贫困标准提高，贫困人口剧增，多元化综合扶贫

2011 年 11 月 29 日，中央扶贫开发工作会议在北京召开，中央决定将农民人均纯收入 2300 元（2010 年不变价）作为新的国家扶贫标准，这个标准比 2009 年贫困标准 1196 元提高了 92%。大幅度提高扶贫标准，可以把更多低收入人口纳入扶贫范围，这是社会发展的进步。新标准首次接近世界银行人均 1.25 美元的贫困标准。由于贫困标准大幅度提高导致中国贫困人口大幅剧增，由 2010 年的 2688 万人扩大至 1.28 亿人，贫困率高达 13.4%。[1]

2011 年 12 月 1 日，中共中央、国务院发布《中国农村扶贫开发纲要（2011—2012）》，为进一步加快贫困地区发展促进共同富裕，实现 2020 年全面建成小康社会奠定基础。纲要指出我国扶贫对象规模大，相对贫困问题凸显，返贫现象时有发生，贫困地区特别是集中连片特殊困难地区发展相对滞后，扶贫开发任务十分艰巨。我国扶贫开发已经从解决温饱为主要任务的阶段转入巩固温饱成果、加快脱贫致富、改善生态环境、提高发展能力、缩小发展差距的新阶段。

此阶段划定 14 个集中连片特困地区作为扶贫的主战场，把稳定解决扶贫对象温饱、尽快实现脱贫致富作为首要任务。为了推动 14 个连片特困地区发展，明确规定中央财政扶贫资金的新增部分主要用于连片特困地区。坚持开发式扶贫方针，实行扶贫开发和农村最低生活保障制度有效衔接。扶贫总体目标：到 2020 年，稳定实现扶贫对象不愁吃、不愁穿，保障其义务教育、基本医疗和住房。贫困地区农民人均纯收入增长幅度高于全国平均水平，基本公共服务主要领域指标接近全国平均水平，扭转发展差距扩大趋势。我国扶贫目标从原来解决收入贫困、解决温饱为主的狭义目标，变成不仅要解决不愁吃穿的温饱问题，更要通过教育、医疗、住房等多方面来切实保障、提高发展能力的多元化综合大扶贫目标转变。随着扶贫目标多元化，对扶贫提出更高要求，必须通过全方面改革来共同推进。

---

[1] 《中国贫困标准上调至 2300 元》，网易新闻，http://news.163.com/11/1130/04/7K33V9EF0001124J.html。

七 2014 年至今，精准扶贫为基本方略，扶贫上升到治国理政新高度，进入攻坚拔寨冲刺期

以习近平同志为核心的党中央在党的十八大以来，把扶贫开发摆到治国理政的重要位置，提升到事关全面建成小康社会、实现第一个百年奋斗目标的新高度，纳入"五位一体"总体布局和"四个全面"战略布局进行决策部署。2017 年，党的十九大顺利召开，党的十九大报告明确提出，不忘初心，决胜全面建成小康社会，夺取新时代中国特色社会主义的伟大胜利。必须深入开展脱贫攻坚，保证全体人民在共建共享发展中有更多获得感，不断促进人的全面发展、全体人民共同富裕。坚决打赢脱贫攻坚战。让贫困人口和贫困地区同全国一道进入全面小康社会是我们党的庄严承诺。要动员全党全国全社会力量，坚持精准扶贫、精准脱贫，坚持中央统筹省负总责市县抓落实的工作机制，强化党政"一把手"负总责的责任制，坚持大扶贫格局，注重扶贫同扶志、扶智相结合，深入实施东西部扶贫协作，重点攻克深度贫困地区脱贫任务，确保到 2020 年在我国现行标准下农村贫困人口实现脱贫，贫困县全部"摘帽"，解决区域性整体贫困，做到脱真贫、真脱贫。① 该阶段在党中央的领导下，在精准扶贫方略的指引下，我国扶贫开发工作全面升级，为 2020 年全面小康做好最后的攻坚拔寨的冲刺工作。

（一）精准扶贫作为扶贫基本方略，成为国家战略

1. 2013 年精准扶贫概念首次提出

2013 年元旦，习近平总书记在河北阜平县考察提出，真正小康社会的全面建成离不开农村特别是贫困地区农村的发展。精准扶贫概念是在 2013 年 11 月由习近平总书记在湖南湘西考察时首创提出。扶贫必须精准，做到实事求是、因地制宜、分类指导。2013 年中共中央办公厅、国务院办公厅印发《关于创新机制扎实推进农村扶贫开发工作的意见》（中办发〔2013〕25 号）第一次明确提出要建立精准扶贫的工作机制。

2. 2014 年对精准扶贫进行制度部署、全面启动

2014 年《建立精准扶贫工作机制实施方案的通知》（国开办发

---

① 《中共十九大开幕，习近平代表十八届中央委员会作报告》，中国网，http：//www.china.com.cn/cppcc/2017 - 10/18/content_ 41752399.htm。

〔2014〕30号），对精准扶贫进行明确部署，明确精准扶贫目标任务。精准识别贫困村、贫困户，通过对贫困村、贫困户的精准帮扶、管理和考核，实现扶贫到村到户，逐步构建长效的精准扶贫工作机制。重点工作是对每个贫困村、贫困户进行建档立卡，建设全国扶贫信息网络系统，建立干部驻村帮扶工作制度等。2014年《扶贫开发建档立卡工作方案通知》（国开办发〔2014〕24号）明确建档立卡对象包括贫困户、贫困村、贫困县和连片特困地区。只有精准识别，了解贫困村、贫困户的贫困状况，分析各自不同的致贫原因，摸清各村、各户各自的帮扶需求，明确帮扶主体，落实帮扶措施，开展考核问责，实施动态管理。对建档立卡方法和步骤进行细化。明确2014年年底构建全国扶贫信息网络系统，电子信息档案涵盖全国所有贫困户、贫困村、贫困县和连片地区。并向每个贫困户发放《扶贫手册》。2014年精准扶贫得到全面启动和推广，成为新时期扶贫开发的重要指导思想。

3. 2015年精准扶贫作为扶贫基本方略，上升到国家战略高度

2015年6月，习近平总书记在贵州考察时对精准化扶贫做出明确指示：扶贫工作要切实做到落实领导责任、切实做到精准扶贫、切实强化社会合力、切实加强基层组织。要实现扶贫对象精准、项目安排精准、资金使用精准、措施到户精准、因村派人精准、脱贫成效精准的"六个精准"。提出通过扶持生产和就业发展一批，通过移民搬迁安置一批，通过低保政策兜底一批，通过医疗救助扶持一批的"四个一批"。① 精准扶贫有了明确的实施路径和方向。

2015年10月召开中共十八届五中全会，提出全面建成小康社会的目标要求，明确贫困人口、贫困县在2020年以前按现行贫困标准实现全部脱贫"摘帽"，区域性整体贫困问题得以根本解决。真正通过落实精准扶贫、精准脱贫，实现脱贫攻坚的伟大工程的完胜。

2015年11月召开中央扶贫开发工作会议，审议通过《中共中央国务院关于打赢脱贫攻坚战的决定》（中开〔2015〕34号），为保证全面建成小康社会对扶贫开发工作做全新全面部署。第一次在治国理政的高

---

① 习近平：《确保农村贫困人口到2020年如期脱贫》，新华网，http://news.xinhuanet.com/politics/2015-06/19/c_1115674737.htm。

度明确扶贫开发的重要性。从国家战略高度提出扶贫开发的基本方略是精准扶贫、精准脱贫。扶贫必须坚持扶贫开发与经济社会发展相互促进，坚持精准帮扶与集中连片特殊困难地区开发紧密结合，坚持扶贫开发与生态保护并重，坚持扶贫开发与社会保障有效衔接，脱贫攻坚战必须打赢。[1] 在2011年扶贫开发纲要提出的综合多元化扶贫目标基础上，进一步提出贫困人口、贫困县在2020年以前按现行贫困标准实现全部脱贫"摘帽"，区域性整体贫困问题得以根本解决。有22个中西部省区市的书记递交脱贫攻坚责任书给中央。省市县乡村"五级书记"抓扶贫的新局面，从制度层面保障精准扶贫工作推进。

4. 2016年精准扶贫成为国家可行规划，全面实施

2016年3月，国家公布"十三五"规划，从战略高度对如何实施脱贫攻坚进行了明确的总体规划。明确贯彻精准扶贫、精准脱贫基本方略，创新精准扶贫工作机制和模式，采取超常规措施，加大扶贫攻坚力度，坚决打赢扶贫攻坚战。"十三五"规划将中央脱贫攻坚的宏伟目标落实成为可行的、明确的国家规划。五年规划的重要内容首次出现了脱贫攻坚，五年规划的约束性指标也首次有了贫困人口脱贫的指标。

2016年11月发布的《国务院关于印发"十三五"脱贫攻坚规划的通知》（国发〔2016〕64号），明确脱贫攻坚战的决胜阶段就在"十三五"时期[2]，必须坚持精准扶贫、精准脱贫。以"六个精准"统领贫困地区脱贫攻坚工作，精确瞄准、因地制宜、分类施策，大力实施精准扶贫脱贫工程，变"大水漫灌"为"精准滴灌"，做到真扶贫、扶真贫，真脱贫。特别提到将农村电子商务作为精准扶贫的重要载体。

5. 2017年精准扶贫向深度贫困地区挺进

2017年6月，习近平在深度贫困地区脱贫攻坚座谈会上发表重要讲话指出，深度贫困地区是脱贫攻坚的坚中之坚。要实现脱贫攻坚就必须全力攻克深度贫困地区的贫困堡垒。深度贫困地区的脱贫攻坚工程必须大力、高强度推进，深度贫困地区的区域发展必须围绕精准扶贫发

---

[1] 《中共中央 国务院关于打赢脱贫攻坚战的决定》，新华社，http://news.xinhuanet.com/politics/2015-12/07/c_1117383987.htm。

[2] 国务院：《国务院关于印发"十三五"脱贫攻坚规划的通知》，http://www.gov.cn/zhengce/content/2016-12/02/content_5142197.htm。

力。精准扶贫的基础之一就是深度贫困地区的区域发展，这也是精准扶贫工作重要的组成部分。

2017年11月，中共中央办公厅、国务院办公厅印发了《关于支持深度贫困地区脱贫攻坚的实施意见》，对深度贫困地区脱贫攻坚工作作出全面部署。西藏、四省藏区、南疆四地州和四川凉山州、云南怒江州、甘肃临夏州（"三区三州"），以及贫困发生率超过18%的贫困县和贫困发生率超过20%的贫困村，自然条件差、经济基础弱、贫困程度深，是脱贫攻坚中的硬骨头，补齐这些短板是脱贫攻坚决战决胜的关键之策。中央统筹，重点支持"三区三州"。新增脱贫攻坚资金、新增脱贫攻坚项目、新增脱贫攻坚举措主要用于深度贫困地区。加大中央财政投入力度，加大金融扶贫支持力度，加大项目布局倾斜力度，加大易地扶贫搬迁实施力度，加大生态扶贫支持力度，加大干部人才支持力度，加大社会帮扶力度，集中力量攻关，构建起适应深度贫困地区脱贫攻坚需要的支撑保障体系。

（二）扶贫必扶智，继续加大教育扶贫力度

让贫困地区的孩子们接受良好教育，是扶贫开发的重要任务，也是阻断贫困代际传递的重要途径。出台多项措施加大教育扶贫力度。2013年《国务院办公厅转发教育部等部门关于实施教育扶贫工程意见的通知》（国办发〔2013〕86号）文件，明确把教育扶贫作为扶贫攻坚的优先任务，目标是到2020年使片区基本公共教育服务水平接近全国平均水平，教育对促进片区人民群众脱贫致富、扩大中等收入群体、促进区域经济社会发展和生态文明建设的作用得到充分发挥。以"省负总责、县抓落实、扶持到校、资助到生"的原则，对连片困难地区实施一系列教育惠民工程。

1. 全面完善贫困地区义务教育薄弱学校的基本办学条件

按照"保基本、兜住底、促公平"的原则，中央财政加大投入力度，计划用五年时间，使贫困地区义务教育学校办学条件基本达标，重点保障基本教学条件，改善学校生活设施，办好必要的教学点，妥善解决县镇学校大班额问题。

2. 实施农村义务教育学生营养改善计划

按照每生每天3元标准为3200多万生活在贫困地区的学生提供营

养膳食补助，从 2014 年补助标准提高到每人每天 4 元。2011—2015 年已累计安排中央资金 672 亿元用于营养补助。检测表明，贫困地区学生的平均身高、体重和学习成绩都有不同程度的提高。截至 2016 年，全国超过 1/2 的县实施营养改善计划，覆盖学校 13.4 万所，受益学生达到 3600 多万人。

3. 实施中等职业教育学生免学费和给予国家助学金补助政策

按照每生每年 2000 元标准对片区中等职业学校全日制农村在校生免除学费，并给每生每年 1500 元国家助学金资助，从 2015 年起，助学金标准提高到 2000 元。该政策对片区农村学生实现全覆盖。2016 年免学费范围扩大到全日制正式学籍一、二、三年级在校生中所有农村学生、城市涉及农业专业学生和家庭经济困难学生。

4. 实施面向贫困地区定向招生计划

从 2012 年起开始实施普通高校招生计划中专门安排适量的招生计划，面向片区生源，实施定向招生，鼓励学生毕业回贫困地区就业。定向招生计划增加贫困地区学生接受高等教育的机会，促进教育公平；引导贫困地区基础教育健康发展，提高教育水平；鼓励学生毕业后回贫困地区就业创业和服务，为贫困地区发展提供人才和智力支撑。定向招生规模从 2012 年的 1 万人增加到 2016 年的 9 万人。目前，已经有 27.4 万名贫困地区学生通过该项目上重点大学。2016 年定向招生计划还实现民族自治县的全覆盖。中科院 2015 年《提高农村贫困地区学生上重点大学机会相关政策实施情况评估》显示，专项计划使重点高校招收农村贫困地区学生人数显著增加，促进农村贫困地区学子纵向流动效应已初步显现。[①]

5. 贫困地区全方位的儿童发展规划

2014 年，国务院办公厅公布实施《国家贫困地区儿童发展规划（2014—2020 年）》。贫困地区有 4000 万儿童，在健康和教育等方面的发展明显低于全国水平。促进贫困地区儿童发展是切断贫困代际传递的根本途径。对集中连片地区 680 个县农村儿童从出生到义务阶段结束的

---

① 《让更多贫困地区学生接受优质高等教育》，《中国改革报》，http://www.crd.net.cn/2016-04/04/content_ 19563994.htm。

健康和教育实施全过程的保障和干预，编织一张保障贫困地区儿童成长的安全网，加快形成对贫困地区儿童发展的全过程关注、全领域参与和全方位服务的政策体系，实现 2020 年集中连片地区儿童发展整体水平基本达到或接近全国平均水平。

6. 乡村教师支持计划

2015 年国务院办公厅印发了《乡村教师支持计划（2015—2020 年）通知》（国办发〔2015〕43 号）。发展乡村教育，教师是关键，必须把乡村教师队伍建设摆在优先发展的战略地位。采取措施加强老少边穷岛等边远贫困地区乡村教师队伍建设，明显缩小城乡师资水平，让每个乡村孩子都能接受公平、有质量的教育。通过全面提高乡村教师思想政治素质和师德水平，拓展乡村教师补充渠道，提高乡村教师生活待遇，统一城乡教职工标准，职称评聘向乡村学校倾斜，推动城镇优先教师向乡村学校流动，全面提升乡村教师能力素质，建立乡村教师荣誉制度等多项措施，造就一支素质优良、甘于奉献、扎根乡村的教师队伍。中央财政已下达乡村教师生活补助政策（2013 年开始实施），综合奖励补助资金 44 亿元，惠及 604 个县的 94.9 万名乡村教师，村学校和乡村教师的受益面分别达 94% 和 87%。

7. 学前教育重大项目

按照"国十条"构建学前教育公共服务体系的要求，自 2011 年起教育部会同财政部实施了四大类、7 个学前教育重大项目，重点支持中西部地区发展农村学前教育。支持中西部农村扩大学前教育资源，包括利用农村闲置校舍改建幼儿园、依托农村小学富余校舍增设附属幼儿园，在偏远农村地区开展巡回支教试点等。扶持城市部门、集体办园、解决进城务工农民工附迁子女入园。扶持普惠性民办幼儿园。实施幼师国培计划。建立学前教育资助制度，对家庭经济困难儿童、孤儿和残疾儿童入园给予资助。

8. 免除普通高中建档立卡家庭经济困难学生学杂费

从 2016 年秋季学期起，免除普通高中建档立卡等家庭困难学生（含非建档立卡的家庭经济困难残疾学生、农村低保家庭学生、农村特困救助供养学生）学杂费。2016 年中央财政安排专项补助资金 4.4 亿元。

9. 职业教育东西协作计划

2016年10月，教育部会同国务院扶贫办联合制订《职业教育东西协作行动计划（2016—2020年）》，以东西教育协作为桥梁，以职业教育和培训为重点，以就业脱贫为导向，以支教促产业，以产业助脱贫，瞄准建档立卡贫困人口精准发力，实现西部地区贫困人口就业脱贫与东部地区劳动力缺口补充的有效对接。

10. 公布首个有关教育脱贫的"十三五"规划

2016年12月，教育部会同国家发改委、民政部、财政部、人社部、国务院扶贫办联合印发《教育脱贫攻坚"十三五"规划》（教发〔2016〕18号），这是我国首个教育脱贫的五年规划，也是"十三五"时期教育脱贫工作的行动纲领。要实现"人人有学上、个个有技能、家家有希望、县县有帮扶"，促进教育强民、技能富民、就业安民，坚决打赢教育脱贫攻坚战。主要目标是：发展学前教育，巩固提高义务教育，普及高中阶段教育，到2020年，贫困地区教育总体发展水平显著提升，实现建档立卡等贫困人口教育基本公共服务全覆盖。保障各教育阶段从入学到毕业的全程全部资助，保障贫困家庭孩子都可以上学，不让一个学生因家庭困难而失学。每个人都有机会通过职业教育、高等教育或职业培训实现家庭脱贫，教育服务区域经济社会发展的能力显著增强。

（三）实施健康扶贫工程，解决因病致贫、返贫问题

因病致贫、因病返贫是导致农村人口贫困的主要原因之一。截至2015年年底，因病致贫、因病返贫贫困户占建档立卡贫困户的比例达到44.1%，涉及近2000万人，其中患有大病和慢性病人数734万人。近几年，随着脱贫攻坚不断深入，因病致贫、因病返贫比例不降反升，从2013年的42.2%上升到2015年的44.1%，疾病已成为贫困增量产生的主要原因之一。[①]

2016年6月，国家卫计委会同国务院扶贫办等中央15个部门联合印发《关于实施健康扶贫工程的指导意见》（国卫财务发〔2016〕26

---

① 《〈健康扶贫工程"三个一批"行动计划〉解读》，https://mp.weixin.qq.com/s?_biz=MzAxNTQxODQzNw%3D%3D&idx=5&mid=2651358296&sn=8b6077a45454c8c286f03c8248682008。

号）。主要目标是：到 2020 年，贫困地区人人享有基本医疗卫生服务，农村贫困人口大病得到及时有效救治保障，个人就医费用负担大幅减轻；贫困地区重大传染病和地方病得到有效控制，基本公共卫生指标接近全国平均水平，人均预期寿命进一步提高，孕产妇死亡率、婴儿死亡率、传染病发病率显著下降；连片特困地区县和国家扶贫开发工作重点县至少有一所医院（含中医院，下同）达到二级医疗机构服务水平，服务条件明显改善，服务能力和可及性显著提升；区域间医疗卫生资源配置和人民健康水平差距进一步缩小，因病致贫、因病返贫问题得到有效解决。

健康扶贫工程的重点任务是：①提高医疗保障水平，切实减轻农村贫困人口医疗费用负担。新型农村合作医疗覆盖所有农村贫困人口并实行政策倾斜，个人缴费部分按规定由财政给予补贴，在贫困地区全面推广门诊统筹，提高政策范围内住院费用报销比例。加大医疗救助力度，将农村贫困人口全部纳入重特大疾病医疗救助范围。②建立贫困人口健康卡，推动基层医疗卫生机构为农村贫困人口家庭提供基本医疗、公共卫生和健康管理等签约服务。③实行县域内农村贫困人口住院先诊疗后付费。④每个连片特困地区县和国家扶贫开发工作重点县达到"三个一"目标，即每个县至少有 1 所县级公立医院，每个乡镇建设 1 所标准化的乡镇卫生院，每个行政村有 1 个卫生室。

2017 年 2 月，国家卫计委会同国务院扶贫办、民政部出台了《农村贫困人口大病专项救治工作方案》（国卫办医函〔2017〕154 号），这个救治方案主要针对的是罹患儿童先天性心脏病、儿童白血病、食管癌、胃癌、结肠癌、直肠癌、终末期肾病等大病的建档立卡农村贫困人口和农村低保、特困人群，采取"四定两加强"的措施，就是定临床路径、定救治医院、定单病种费用、定报销比例，加强救治管理，加强责任落实。通过"四定两加强"的措施，对患者进行集中救治。

2017 年 4 月，卫计委发表《健康扶贫工程"三个一批"行动计划》（国卫财务发〔2017〕19 号），对核实核准的患有大病和长期慢性病的农村贫困人口（指建档立卡贫困人口和农村低保对象、特困人员、贫困残疾人），根据患病情况，实施分类分批救治，确保健康扶贫落实到人、精准到病，有效解决因病致贫、因病返贫问题。"三个一批"是指大病集中救治一批、慢病签约服务管理一批、重病兜底保障一批。其中，推进农村贫困人口大病患者的专项救治，是解决"三个一批"的重点任务之一。

截至2017年10月底，全国所有担负扶贫任务的省均已出台了工作方案，并通过信息系统报送9种大病的专项救治信息。目前，已确诊的病例为15.8万人，已经救治了10.6万人，提供诊疗服务20余万人次。①

（四）统筹城乡社会保障，对贫困户进入社保进行扶持，促进公平

我国社会保障体系建立晚，采取先城镇后农村、分人群渐次推进方式，各保障体系保障水平不一，农村社保制度实施时间不长，城乡保障水平差距大，加剧城乡不平等。党的十八大报告明确提出，要坚持全覆盖、保基本、多层次、可持续的方针，以增强公平性、适应流动性、保证可持续性为重点，全面建成覆盖城乡居民的社会保障体系。党的十八届三中全会提出，要通过深化改革建立更加公平可持续的社会保障体系。2017年党的十九大顺利召开，党的十九大报告明确要加强社会保障体系建设。按照兜底线、织密网、建机制的要求，全面建成覆盖全民、城乡统筹、权责清晰、保障适度、可持续的多层次社会保障体系。全面实施全民参保计划。完善城镇职工基本养老保险和城乡居民基本养老保险制度，尽快实现养老保险全国统筹。完善统一的城乡居民基本医疗保险制度和大病保险制度。完善失业、工伤保险制度。建立全国统一的社会保险公共服务平台。统筹城乡社会救助体系，完善最低生活保障制度。

2014年2月，国务院出台《关于建立统一的城乡居民基本养老保险制度的意见》（国办发〔2014〕8号），将新型农村养老保险和城镇居民社会养老保险合并实施，在全国建立统一的城乡居民基本养老保险制度。人社部、财政部印发《城乡养老保险制度衔接暂行办法》，规定从2014年7月1日起城乡居民养老保险和城镇职工养老保险可以转移衔接。

2016年1月，国务院印发《关于整合城乡居民基本医疗保险制度的意见》（国办发〔2016〕3号），整合城镇居民基本医疗保险和新型

---

① 《健康扶贫工程持续提高贫困群体医疗保障水平》，网易新闻，http://news.163.com/17/1130/05/D4FG3ITF00018AOP.html。

农村合作医疗两项制度，建立统一的城乡居民基本医疗保险制度。2014年2月，财政部出台《城乡医疗救助基金管理办法》（财社〔2013〕217号），将城市医疗救助基金专账和农村医疗救助基金专账进行合并，建立城乡医疗救助基金专账。国务院2014年公布《社会救助暂行办法》进一步加强城市最低生活保障制度和农村最低生活保障制度的城乡统筹。通过城乡社保体系逐步统筹可以更好地促进城乡公平发展。

为了保障贫困户也能纳入社会保障体系，加大对贫困户扶持力度。落实贫困人口参加城乡居民基本医保个人缴费补助政策，将特困人员、低保对象和建档立卡贫困人口等困难群体纳入基本医保保障范围。2016年对建档立卡贫困人口实行"两提高、两降低"倾斜政策，提高新农合门诊报销水平，政策范围内住院费用报销比例提高5%以上，降低病残儿童、重症残疾人及大病保险报销起付线，降低农村贫困人口大病费用支出。2016年贫困人口住院实际补偿比例达到67.6%。推动贫困地区政府为农村贫困人口购买补偿商业健康保险，2016年江西、河南两省探索建立由政府按现行最低缴费档次为建档立卡贫困人口代缴养老保险费的机制。

2017年8月，人社部、财政部、国务院扶贫办联合发表《关于切实做好社会保险扶贫工作的意见》（人社部发〔2017〕59号）。社会保险扶贫的目标任务是，充分发挥现行社会保险政策作用，完善并落实社会保险扶贫政策，提升社会保险经办服务水平，支持帮助建档立卡贫困人口、低保对象、特困人员等困难群体（以下简称贫困人员）及其他社会成员参加社会保险，基本实现法定人员全覆盖，逐步提高社会保险待遇水平，助力参保贫困人员精准脱贫，同时避免其他参保人员因年老、疾病、工伤、失业等原因陷入贫困，为打赢脱贫攻坚战贡献力量。

对建档立卡未标注脱贫的贫困人口、低保对象、特困人员等困难群体，参加城乡居民基本养老保险的，地方人民政府为其代缴部分或全部最低标准养老保险费，并在提高最低缴费档次时，对其保留现行最低缴费档次。对贫困人员参加城乡居民基本医疗保险个人缴费部分由财政给予补贴。对贫困人员通过降低起付线、提高报销比例和封顶线等倾斜性政策，实行精准支付。对贫困人员中已核准的因病致贫、因病返贫患者，通过加强基本医保、大病保险和医疗救助的有效衔接，实施综合保障，提高其医保受益水平。加强城乡居民基本养老保险与农村最低生活保障、特困人员救助供养等社会救助制度的统筹衔接，"十三五"期间，在认定农村低保和扶贫对象时，中央确定的城乡居民基本养老保险基础养老金暂不计入家庭收入。截至 2018 年 1 月，全国共有 23 个省份出台社会保险扶贫文件，27 个省份制定城乡居民大病保险向贫困人员倾斜政策，所有省份均落实贫困人口参加城乡居民基本医疗保险补助政策，享受代缴城乡居民基本养老保险费的贫困人口超过 1515 万人，享受城乡居民养老保险待遇的贫困老人超过 1681 万人。①

(五) 贫困有了明确的退出机制

2016 年 4 月，中共中央办公厅、国务院办公厅印发《关于建立贫困退出机制的意见》(厅字〔2016〕16 号)，首次对贫困退出机制做出明确部署。明确以脱贫实效为依据，以群众认可为标准，建立严格、规范、透明的贫困推出机制，促进贫困人口、贫困村、贫困县在 2020 年以前有序退出，确保如期实现脱贫攻坚目标。对贫困人口、贫困村、贫困县的各自退出标准和程序建立明确、可行的制度。

贫困人口退出以户为单位，主要衡量标准是该户年人均纯收入稳定超过国家扶贫标准且吃穿不愁，义务教育、基本医疗、住房安全有保障。贫困户退出，由村"两委"组织民主评议后提出，经村"两委"和驻村工作队核实、拟退出贫困户认可，在村内公示无异议后，公告退出，并在建档立卡贫困人口中销号。贫困村退出以贫困发生率为主要衡量标准，统筹考虑村内基础设施、基本公共服务、产业发展、集体经济收入等综合因素。原则上贫困村贫困发生率降至 2% 以下 (西部地区降至 3% 以下)，在乡镇内公示无异议后，公告退出。贫困县包括国家扶贫开发工作重点县和集中连片特困地区县。贫困县退出以贫困发生率为主要衡量标准。原则上贫困县贫困发生率降至 2% 以下 (西部地区降至 3% 以下)，由县级扶贫开发领导小组提出退出，市级扶贫开发领导小组初审，省级扶贫开发领导小组核查，确定退出名单后向社会公示征求

---

① 《社保扶贫工作 3 个亮点：降门槛、提待遇、优服务》，搜狐网，http://www.sohu.com/a/218683401_99967752。

意见。公示无异议的，由各省（自治区、直辖市）扶贫开发领导小组审定后向国务院扶贫开发领导小组报告。

为保证退出机制实施要坚持正向激励，贫困人口、贫困村、贫困县退出后，在一定时期内国家原有扶贫政策保持不变，支持力度不减，留出缓冲期，确保实现稳定脱贫。对提前退出的贫困县，各省（自治区、直辖市）可制定相应奖励政策，鼓励脱贫"摘帽"。退出机制推行可以有效地改变多年来很多地区争当贫困县，不愿脱"贫困帽"的社会怪相，保障2020年全面小康目标实现。

2017年11月1日，国务院扶贫办举办新闻发布会，宣布全国9省份26个贫困县顺利通过国家专项评估检查，将由省级人民政府陆续批准退出贫困县。这是脱贫攻坚以来，贫困县首次集中脱贫"摘帽"。[①]

（六）创新社会扶贫机制，设立扶贫日，构建大扶贫格局

2014年由扶贫办牵头联合各部委印发《创新扶贫开发社会参与机制实施方案》（国开办发〔2014〕31号）的通知，提出广泛动员全社会力量参与扶贫开发是中国特色扶贫开发事业的重要组成部分。要构建包括定点扶贫、东西部扶贫协作、军队和武警部门扶贫以及各民主党派、工商联和无党派人士、企业、社会组织、个人参与的中国特色社会扶贫工作体系。2014年11月国务院办公厅印发《关于进一步动员社会各方面力量参与扶贫开发的意见》（国办发〔2014〕58号），创新完善人人皆愿为、人人皆可为、人人皆能为的社会扶贫参与机制，形成政府、市场、社会协同推进的大扶贫格局，形成了跨地区、跨部门、跨单位、全社会共同参与多元主体的社会扶贫体系。

国务院决定从2014年起将每年10月17日设立为"扶贫日"，体现党中央、国务院对扶贫开发的高度重视，是继续向贫困宣战的一个重要举措，也是广泛动员社会各方面力量参与扶贫开发的一项重要制度安排。[②] 1992年联合国通过决议，将10月17日设为国际消除贫困日，促

---

① 《脱贫不脱政策 攻克深度贫困——首次26地集中脱贫透视》，新华网，http://www.xinhuanet.com//2017-11/01/c_1121892250.htmhttp://www.xinhuanet.com//2017-11/01/c_1121892250.htm。

② 《中国设立"扶贫日"：动员全社会力量参与扶贫》，中国网，http://news.xinhuanet.com/yzyd/local/20141014/c_1112823072.htm。

进全世界尤其是发展中国家的减贫意识。我国设立贫困日是对联合国决议的积极响应。

(七) 整合财政涉农资金，提高贫困地区使用扶贫资金的自主权和精准性

为了改变财政扶贫资金"碎片化"的格局，优化财政涉农资金供给机制，进一步提高资金使用效益，保障贫困县集中资源打赢脱贫攻坚战。2016 年 4 月，国务院办公厅印发《国务院办公厅关于支持贫困县开展统筹整合使用财政涉农资金试点的意见》（国办发〔2016〕22 号），目标是形成"多个渠道引水、一个龙头放水"的扶贫投入新格局，相关资金配置、使用权完全下放到贫困县，激发贫困县内生动力，统筹整合使用财政涉农资金，提高资金使用精准度和效益。

统筹整合使用的资金范围是各级财政安排用于农业生产发展和农村基础设施建设等方面资金。中央层面主要有：财政专项扶贫资金、农田水利设施建设和水土保持补助资金、现代农业生产发展资金、农业技术推广与服务补助资金、林业补助资金、农业综合开发补助资金、农村综合改革转移支付、新增建设用地土地有偿使用费安排的高标准基本农田建设补助资金、农村环境连片整治示范资金、车辆购置税收入补助地方用于一般公路建设项目资金（支持农村公路部分）、农村危房改造补助资金、中央专项彩票公益金支持扶贫资金、产粮大县奖励资金、生猪（牛羊）调出大县奖励资金（省级统筹部分）、农业资源及生态保护补助资金、服务业发展专项资金（支持新农村现代流通服务网络工程部分）、江河湖库水系综合整治资金、全国山洪灾害防治经费、旅游发展基金，以及中央预算内投资用于"三农"建设部分。教育、医疗、卫生等社会事业方面资金，也要结合脱贫攻坚任务和贫困人口变化情况，完善资金安排使用机制，精准有效使用资金。

2017 年 12 月，国务院出台《国务院关于探索建立涉农资金统筹整合长效机制的意见》（国发〔2017〕54 号），继续加大力度推动涉农资金整合。目标是到 2018 年，实现农业发展领域行业内涉农专项转移支付的统筹整合。到 2019 年，基本实现农业发展领域行业间涉农专项转移支付和涉农基建投资的分类统筹整合。到 2020 年，构建形成农业发展领域权责匹配、相互协调、上下联动、步调一致的涉农资金（涉农

专项转移支付和涉农基建投资）统筹整合长效机制，并根据农业领域中央与地方财政事权和支出责任划分改革以及转移支付制度改革，适时调整完善。

支持贫困县开展统筹整合使用财政涉农资金试点，既是确保如期打赢脱贫攻坚的关键举措，也是一项具有深远意义的财税体制改革。财政涉农资金整合为进一步优化财政支出结构，全面深化财税体制改革探索新思路。通过整合涉农资金，权力下放到贫困县，激发贫困地区政府动力，而且确保财政扶贫资金精准、高效投放。

在党中央的高度重视下，扶贫开发提高到治国理政的新高度。通过全社会广泛动员参与，扶贫进入最后攻坚拔寨的冲刺期。本阶段扶贫开发以精准扶贫、精准脱贫为基本方略，通过扶贫资金、扶贫政策精准投放，向深度贫困地区全面挺进，通过完善农村社会保障体系，加大教育扶贫力度等实现贫困人口、贫困地区全面发展。明确的退出机制和退出时间加大扶贫难度。只有继续在党中央领导下，以精准扶贫、精准脱贫为核心开展扶贫攻坚，通过教育、医疗、养老、最低生活保障等社会保障安全网扎实构建，形成全社会广泛参与的大扶贫格局，通过全方位的社会经济体制深化改革，才能实现贫困终结，通过共同富裕保障2020年全面小康社会建成，并为2020年后扶贫时代打好坚实基础。

第二节 扶贫成效分析

一 贫困地区农村居民的生活状态得以较大改善

（一）收入总量相对较低，以农业收入为主

2016年全国贫困地区农村居民人均可支配收入8452元，其中集中连片特困地区农村居民人均可支配收入为8348元，扶贫开发重点县农村居民人均可支配收入8355元。而同期全国农村居民人均可支配收入为12363元。2013—2016年贫困地区农村居民人均可支配收入年均实际增速比全国农村平均水平快2.7%。

2016年全国贫困地区农村居民人均可支配收入相当于全国农村居

民平均收入水平的 68.37%，比 2012 年提高 5.8 个百分点。与全国平均收入差距在缩小。

贫困人口收入来源最多的是第一产业经营性净收入即农业收入为主，第二位是工资性收入即务工收入，第三位是转移净收入即各项政府扶贫、社保、低保补助等。

贫困地区农村居民就业机会增多，工资性收入占比提高，2016 年工资性收入与 2012 年相比，年均增长 16.5%，占可支配收入比重比 2012 年提高 4.1 个百分点。

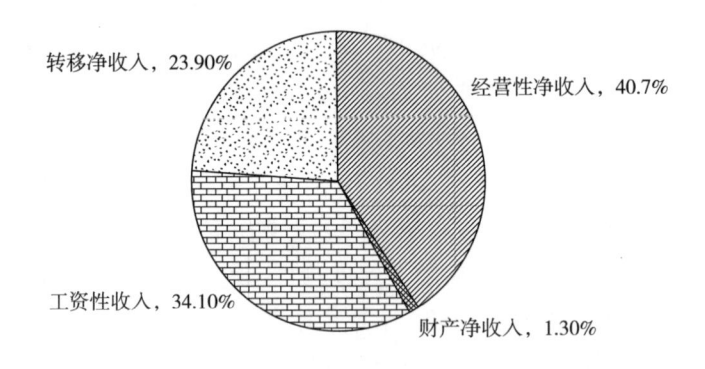

图 3-1　2016 年贫困地区农村居民收入结构

资料来源：根据《中国农村贫困监测报告（2017）》整理。

（二）消费占收入比重高，以满足日常生活需求为主

2016 年贫困地区农村居民人均消费支出是 7331 元，其中集中连片特困地区农村居民人均消费支出 7273 元，扶贫开发重点县农村居民人均消费支出为 7260 元。同期全国农村常住居民人均消费支出 10130 元。贫困人口消费仅相当于全国农村平均水平的 71.67%。但是贫困地区农村居民消费占收入的比重为 86.74%，远高于全国农村居民同期消费占收入的比重 81.94%，即贫困人口的收入更多地用于消费，结余很少。

从消费结构看，2016 年贫困地区农村居民消费最多的是食品烟酒，然后是居住支出和交通通信支出。教育和医疗也是贫困地区农村居民重要支出。农民消费主要集中在日常衣食住行这些基本生存需求

方面。

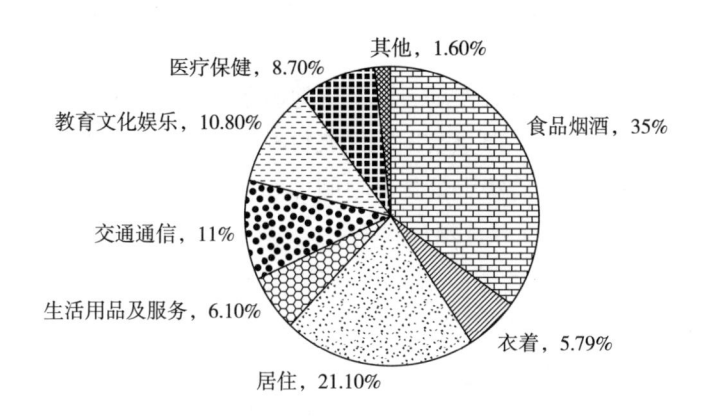

图 3-2　2016 年贫困地区农村居民消费结构

资料来源：根据《中国农村贫困监测报告（2017）》整理。

（三）居住条件、基础设施得以改善

饮用水安全不断提高。2016 年贫困地区农村饮用水有困难的农户比重为 12.1%，比 2013 年下降 6.9%。使用管道供水的农户比重为 67.4%，使用经过净化处理自来水的农户比重为 40.8%。卫生设施方面，2016 年贫困地区农村居民独用厕所的比重为 94.2%，使用卫生厕所的农户比重为 31.0%。2016 年使用清洁能源的农户比重为 32.3%，比 2012 年上升 14.6%。

2016 年贫困地区自然村实现全部通电、通电话的达到 98.2%，通有线电视信号的达到 81.3%，通宽带的达到 63.4%。2016 年贫困地区村内主干道路面硬化处理的比重达到 77.9%，比 2013 年提高 18%。通客车的比重为 49.9%，比 2013 年提高 11%。

贫困地区农村居民居住条件、基础设施得到不断改善，但居住条件还达不到全国农村平均水平，必须加大农村特别是贫困地区的基础设施投入，保障其基本生活条件的机会公平。

（四）教育、医疗水平显著便利

2016 年贫困地区农村 79.7% 的农户所在自然村上幼儿园便利，84.9% 的农户所在自然村上小学便利，分别比 2013 年提高 12.1 个百分点和 6.9 个百分点。2016 年贫困地区农村拥有合法行医证的医生比重为 90.4%，比 2012 年提高 7 个百分点。91.4% 的农户所在自然村有卫生站。

教育、医疗水平显著便利，能更好地服务贫困地区农户，为提升农户发展能力打好基础。但是贫困地区农村教育、医疗水平与全国平均水平相比差距巨大，还有很大的提升空间。

（五）劳动力文化程度继续提高

2016 年贫困地区常住劳动力中，不识字或识字不多占 8.0%，小学文化程度占 34.4%，初中文化程度占 46.2%，高中及中专文化程度占 8.5%，大专及以上文化程度占 2.9%。接受过技能培训的劳动力占农村常住劳动力的 27.4%。贫困地区农村劳动力文化程度集中在义务教育阶段，普遍文化素质不高，必然影响其发展能力的提升。我国必须提高义务教育年限，才能更好地增加贫困地区劳动力的人力资本价值。

二 收入差距在缩小，公平在改善

（一）城乡收入差距有缩小的趋势

通过表 3-1 数据可以发现，1978—1985 年城乡收入差距有大幅度下降，1985 年是我国城乡收入差距最小的年份，该期农民的人均收入增幅为 198%，城市居民收入增幅为 115%，由于家庭联产承包责任制的制度利好，农村生产活力得到极大激发，农民收入大幅度增加。制度创新带来农民生活改善显著胜于城市，这也是唯一一次农民收入增幅强于城镇居民的时期。但是此后虽然城乡居民收入都在不断提高，但是农民收入增加赶不上城镇居民收入增长速度，导致城乡收入差距不断扩大。但是最近几年随着对"三农"问题重视，对农村各项投入提高，加大农产品的补贴力度等措施，农民收入有了稳定保障，城乡收入差距有不断缩小的趋势。虽然城乡收入差距在缩小，但城乡收入差距还是很大，2017 年城镇居民人均可支配收入是农村居民可支配收入的 2.7 倍。城乡收入差距反映我国由于城乡发展的"二元结构"，户籍制度带来的身份限制，农民发展机会不平等导致中国农民普遍还处于相对贫困状态的弱势状态，不利于中国经济持续稳定发展。

表 3-1　　　　　我国历年城乡收入差距比较　　　　　单位：元

年份	①农村居民人均可支配收入①	②城镇居民人均可支配收入	③城乡收入比 = ②/①（农村为1）
1978	133.6	343.4	2.57∶1
1985	397.6	739.1	1.86∶1
1990	686.31	1510.16	2.20∶1
1995	1577.74	4282.95	2.71∶1
2000	2253.42	6279.98	2.79∶1
2005	3587.04	10493	2.93∶1
2010	5919	19109	3.23∶1
2013	9429.59	26467	2.81∶1
2014	10488.88	28843.85	2.75∶1
2015	11422	31195	2.73∶1
2016	12363	33616	2.71∶1
2017	13432	36396	2.70∶1

资料来源：根据历年《中国统计年鉴》整理，2017 年的数据来自 http：//news.sina.com.cn/o/2018-01-18/doc-ifyqtycw9488146.shtml。

（二）农村居民内部收入差距依然巨大

从表 3-2 数据可以发现，农民内部收入差距巨大，且农民内部差距不断扩大。1980—1995 年低收入组农民收入增长非常有限，仅增长 1.46 倍，而高收入组收入增长 11.38 倍，1995 年农民内部收入差距高达 88.51∶1。说明农民里面的低收入贫困人群生活改善有限温饱还成问题，所以 1994 年我国开始实行"八七"扶贫攻坚计划。在扶贫攻坚计划实施下，我国基本实现 2000 年解决 8000 万人温饱问题目标。农村贫困人群的收入得到极大改善，2000 年以后农民内部收入差距不断缩小。但是到 2016 年高收入组平均收入依然是低收入组平均收入的 9.46 倍，农民内部收入差距过大问题不容忽视。中国农村内部经济发展差异大，收入差距极度不平等，不利于农村社会稳定，必须加大对低收入组的扶

---

① 2013 年以前我国公布的数据为农民人均纯收入指标，2013 年以后公布的数据采用农村居民人均可支配收入指标。

持力度。

表3-2　　农民低收入组和高收入组人均收入的对比情况

年份	①农村低收入组（元/人）	②农村高收入组（元/人）	③高收入组与低收入组比=②/①（低收入组为1）
1980	52.7	600.4	11.39:1
1985	72.7	2538.2	34.91:1
1990	66.1	2611.6	39.51:1
1995	77.2	6833.3	88.51:1
2000	561.6	7199.5	12.82:1
2005	1067.2	7747.4	7.26:1
2010	1869.8	14049.7	7.51:1
2014	2768	23947	8.65:1
2016	3006	28448	9.46:1

资料来源：2000年以前数据来自《2007年中国农村住户调查年鉴》，2000年以后数据来自国家统计局。

（三）西部地区农民收入与其他地区相比在缩小

2016年西部地区农村居民人均可支配收入为9918元，增长9.1%。东部地区农村居民收入是西部的1.56倍，中部地区是西部的1.19倍，东北地区是西部的1.24倍。西部地区地区与其他地区收入差距在缩小，地区发展不均衡问题在改善。

三　基尼系数虽有所下降，但不平等问题仍然突出

基尼系数是意大利经济学家基尼于1922年根据洛伦兹曲线提出的测定收入分配差异程度的指标，表示全部居民收入中用于不平均分配的百分比。基尼系数等于0表示收入分配绝对平均，等于1表示收入分配绝对不平均。基尼系数为0—1，系数越大，则收入分配越不平均；反之，则收入分配越接近平均。[①]

---

① 高鸿业：《西方经济学》（微观部分·第六版），中国人民大学出版社2014年版。

表 3-3　　　　　　　　中国基尼系数情况

年份	2001	2005	2008	2010	2012	2014	2015	2017
基尼系数	0.49	0.485	0.491	0.481	0.474	0.469	0.462	0.467

资料来源：国家统计局。

基尼系数反映社会收入分配公平程度，也能部分体现出扶贫的成效。通过表 3-3 可以发现我国基尼系数一直高于 0.4 的国际警戒线。2001 年以后中国基尼系数一直高位运行到 2008 年，达到最高的 0.491。2009 年后中国基尼系数开始持续下降，2017 年基尼系数达到 0.467。随着对公平问题的重视，我国贫富差距过大，收入不平等问题得到一定程度缓解。说明中国扶贫取得一定成效，有效改善了收入分配差距过大的问题。

根据北京大学发布的《中国民生发展报告（2015）》显示，近年来中国财产不平等的程度更加严重。中国家庭财产基尼系数从 1995 年的 0.45 扩大到 2012 年的 0.73。顶端 1% 的家庭占有全国约 1/3 的财产，底端 25% 的家庭拥有的财产总量仅在 1% 左右。[①] 该报告还指出，除了收入不平等外，不同人群在教育机会、健康保障等方面差异非常明显。60 年代出生的人群教育不平等程度最低，此后教育不平等程度不断上升，80 年代出生的人群教育不平等程度达到历史最高。户口、父母的教育水平、党员身份、出生省份等非个人努力可以改变的因素对教育资源获得的影响在上升。健康状况更差的个体往往更加缺乏医疗保障资源，高收入人群享有更多的医疗补贴。

我们必须深刻认识到，中国不平等问题依然非常突出，只有更好地开展综合的大扶贫，从教育、医疗等保障真正发展机会公平，才能更好地提高中国扶贫绩效，改善收入分配的公平状况。

四　贵州省扶贫成绩显著，但与全国差距较大

（一）经济保持高速增长，财政实力提高

2017 年贵州省地区生产总值达到 1.35 万亿元，比上年增长了

---

① 《居民收入上涨　2015 年基尼系数将至 13 年来最低》，搜狐财经，http：//business.sohu.com/20160119/n435230377.shtml。

10.2%,自2011年以来增速一直位列全国前三,人均生产总值达到3.8万元。[1]

2017年贵州省一般公共预算收入1613.64亿元。其中,税收收入1179.55亿元,增长10.9%;非税收入434.09亿元,下降1.5%,非税收入占比为26.9%,下降1.3个百分点。加上中央各项转移支付2748.26亿元、地方政府一般债务收入1170.34亿元、调入预算稳定调节基金336.01亿元、调入资金215.1亿元,收入合计6083.35亿元。全省一般公共预算支出4604.57亿元,增长8%。加上上解中央支出8.17亿元、补充预算稳定调节基金380.18亿元、调出资金1.61亿元、地方政府一般债务支出1101.47亿元,支出合计6096亿元。收支相抵,当年支大于收12.65亿元。[2] 由于贵州长期财政自给能力差,在中央大力扶持转移支付下,贵州经济社会高度发展,扶贫事业突飞猛进。

(二)农民收入大幅度提高,城乡差距在缩小,但与全国差距非常大

从表3-4可以看出,贵州农民人均可支配收入年年提高,增长显著。1980—2017年贵州农民收入增长54.92倍,随着农民收入大幅度提高,贵州农村普遍性的贫困问题得以根本改变。

表3-4　　　　贵州省农村居民人均可支配收入比较情况

年份	贵州农民人均可支配收入(元)	贵州农民人均可支配收入占全国农民人均可支配收入比重(%)	贵州省城乡居民收入比
1980	161.5	84.4	
1985	287.8	71.6	
1990	435.1	63.4	
1995	1086.6	68.9	
2000	1374.2	70.0	

---

[1] 《2018年贵州省政府工作报告》,贵州省人民政府,http://www.gzgov.gov.cn/xwdt/jrgz/201802/t20180205_1093373.html。

[2] 《贵州省2017年全省预算和省本级预算执行情况与2018年全省和省本级预算草案报告》,贵州省人民政府,http://www.gzgov.gov.cn/ztzl/gzsczzjxxgkzl_1794/gzssbjczysjsgjf/201802/t20180222_1098659.html。

续表

年份	贵州农民人均可支配收入（元）	贵州农民人均可支配收入占全国农民人均可支配收入比重（%）	贵州省城乡居民收入比
2005	1877	57.7	
2010	3472	58.7	4.08∶1
2011	4145	59.4	3.98∶1
2012	4753	60.0	3.93∶1
2013	5434	57.6	3.80∶1
2014	6671	63.6	3.38∶1
2015	7387	64.7	3.14∶1
2017	8869	66.03	3.28∶1

资料来源：历年《贵州省统计年鉴》，其中 2017 年数据来源于 http：//www.ddcpc.cn/news/201801/t20180119_52572.html。

贵州省农民收入与全国农民平均水平相比会发现，贵州农民收入还是非常低的，占全国平均水平比重最高竟然是 1980 年，然后不断下降。说明随着全国农民收入普遍提高，贵州与全国差距不断拉大。特别是 21 世纪以来，贵州农民收入水平绝大部分年份仅相当于全国水平的 60% 左右。说明贵州农民收入虽然提高，但贵州发展的步伐跟不上全国的高速发展节奏，贵州农民收入与全国农民平均水平的差距依然非常大。

随着城乡一体化进程推进，农民收入大幅度提高，贵州省城乡收入差距在不断缩小，2010 年城乡居民收入差距是 4 倍，到 2017 年城乡居民收入差距缩小到 3 倍左右，成绩喜人。但是与全国同期城乡差距相比，贵州城乡差距问题比全国更为突出。贵州省城乡居民收入差距问题必须高度重视，只有继续通过对农民各项制度利好，改善农民发展机会平等，缩小城乡居民收入差距，才能更好地实现城乡公平发展。

（三）工资性收入超越农业收入成为农民第一大收入来源

从图 3-3 可以看出，随着大量农村劳动力转移，贵州省农民收入结构发生非常大的变化。工资性收入占比高达 41%，成为当前贵州农民的最大收入来源，第一产业农业收入比重占 22%，位居收入来源第二位，然后是转移性收入、第三产业经营性收入，财产性收入和第二产业经营性收入比重都非常低。

只有持续提高贵州农民特别是贫困农民的收入水平，才能更好地改进贫困农民的生活状况，更好地促进扶贫发展。目前，贵州省很多贫困地区的农业生产条件非常恶劣、土地石漠化、缺水等问题突出，农业收入非常有限，能解决农民自身的温饱问题实属不易，要实现脱贫致富非常困难。所以贵州省扶贫工作除了要加大农业产业化、增加农业收入，还要加大劳动力技能培训力度，更好地稳步增加农民工资性收入。出台明确清晰的优惠政策鼓励、引导农民向第二、第三产业创业就业，增加收入来源与渠道。同时政府还应加大专项转移性补助，保障农民尤其是贫困农民的基本生活。

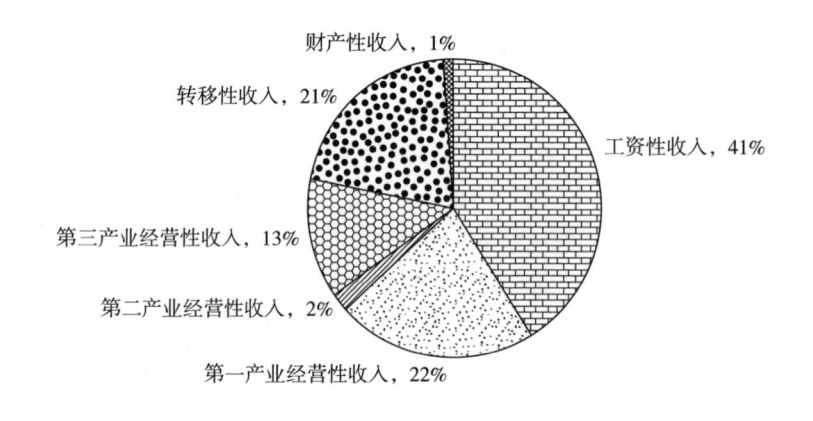

图 3-3 2017 年贵州农民收入结构

资料来源：《贵州统计年鉴（2015）》。

（四）教育、医疗的机会平等情况得到极大改善

贵州省扶贫成效显著，农民不仅实现收入提高，还体现在受教育机会、得到医疗救助机会更为便利与平等。随着教育、医疗条件改善，能更好地保障农民发展机会平等，提升其自我发展能力。

1. 劳动力素质普遍偏低，接受大专以上学历的比重有明显提高

贫困人口的人力资本是反贫困的核心要素之一，只有通过提高贫困人口的受教育水平、文化素质才能真正提高贫困人口的人力资本价值。在政府对教育问题的高度关注下，特别是在"两基"工程（基本扫除

青、壮年文盲，基本普及九年义务教育）的实施下，贵州贫困人口的文化素质得到极大提高。贵州省文盲率1982年高达42.11%，1990年文盲率为29.92%，2000年为16.98%，2010年下降到8.74%。2017年贵州省成人识字率达到89.54%。2017年贵州省劳动力平均受教育年限提高到8.28年。

表3-5　　　　　贵州省平均每百个劳动力的文化程度

平均每百个劳动力文化程度比重（%）	1995	2006	2010	2013	2017
文盲或半文盲	25.92	14.5	12.32	10.5	2.74
小学程度	38.06	37.4	35.7	37.91	34.51
初中程度	31.62	41.7	42.56	42.87	36.42
高中程度	3.58	4.3	6.59	4.68	11.21
中专程度	0.74	1.5	1.91	2.04	
大专程度及以上	0.08	0.6	0.92	2	9.12

资料来源：历年《贵州省统计年鉴》。

通过表3-5可以看出，每百个劳动力文化程度中，贵州省文盲或半文盲的比例大幅度下降。贵州劳动力的文化程度最集中的是初中，然后是小学程度。说明贵州劳动力的文化素质普遍不高。最近几年，贵州省劳动力接受中专教育、大专及以上教育比例有明显增加，特别是接受大专及以上学历劳动力比重增加。为了保证劳动力工资稳定提高，在继续做好义务教育的同时，当前要加大农村少年的高中、中专、大学阶段贫困补助。随着受教育程度提高，人口素质改善，才能更好地解决代际贫困问题，更有效地巩固扶贫成果。

2. 医疗基础条件极大改善，但合格村医流失严重，短缺突出

因病致贫、因病返贫已经成为农村贫困的重要原因，这说明农村医疗卫生对农村反贫困的重要性。经过多年发展，贵州农村卫生条件也得到很大程度的改善，为农村反贫困开展创造良好条件。已经实现所有村庄都有卫生室。贵州省早已经实现全部村庄都开展合作医疗。平均每千农业人口乡镇卫生院床位数从2010年的0.59人提高到2017年的2.33人。贵州农村新生儿死亡率从2010年的7.3%下降到2017年的4.8%，

婴儿死亡率从 2010 年的 12.2% 下降到 2017 年的 8.3%。5 岁以下儿童死亡率从 2010 年的 14% 下降到 2017 年的 11.9%。在医疗基础设施条件不断改善的同时，却出现合格村医人数不够等问题。平均每村乡村医生和卫生员的人数从 2010 年的 1.78 人提高到 2013 年的 2.15 人，但是 2014 年又下降到 1.73 人，到 2017 年又上升到 2.61 人。平均每千农业人口乡村医生和卫生员的人数 2010 年是 0.9 人，2013 年上升到 1.01 人，2014 年 1 人，到 2017 年提高到 1.82 人。由于农村总体医疗设施落后，待遇普遍不高，导致合格村医流失严重。农村每千人拥有村医比重非常低，每个村卫生所医务人员严重短缺，不利于农村居民就近就医。

本章小结

通过对中华人民共和国成立以来扶贫政策进行系统、完整的制度分析，梳理出中国扶贫事业的发展轨迹和路径。1986 年中央政府主导开发式扶贫开启中国扶贫事业的新纪元，从此扶贫开发成为政府一项重要工作，也成为中国大规模减贫的重要法宝。从只重视经济上扶贫开发，到扶贫开发为主、救济性扶贫为辅，经济开发与人力资源开发并重，中国扶贫理念不断深化。从以贫困县为主，到贫困乡的整村推进，再到现在贫困户建档立卡，中国扶贫瞄准精度不断提高，精准扶贫、精准脱贫成为当前扶贫的基本方略。在精准扶贫政策的指引下，通过多管齐下的综合改革，构建城乡统一、公平的社会保障、救助体系，中国扶贫事业成效非常显著。中国成为第一个实现联合国千年发展目标的发展中国家，为全球减贫事业做出巨大贡献。虽然按照最新贫困标准，贫困人口依然众多。但是当前中国贫困状况发生了根本性改变，贫困人口收入不断提高，贫困程度不断缓解，生产、生活条件不断改善。贫困地区在中央转移支付大力扶持下，经济社会不断进步。但是中国城乡居民收入差距依然大，农民内部收入差距过大，中国不平等问题不容忽视。

第四章 村庄、农户贫困发展情况的实地调查

2014年7—9月,贵州财经大学80余名同学利用暑假社会调查时间,对贵州省武陵山集中连片地区,滇黔桂石漠化集中连片地区和乌蒙山集中连片地区的100余个村庄涉及900余户农民开展农户问卷调查和村庄问卷调查,以了解贵州集中连片地区的当前农村发展情况及农户实际生活情况和贫困致贫原因等。以贵州省为例,通过村庄、农户的实地调查,特别是贫困村与非贫困村、贫困户与非贫困户比较分析,可以探索贫困轨迹,为更好地开展精准扶贫提供思路。本次调查参照国家贫困标准以人均年收入2300元为贫困标准,贫困村以政府认定的贫困村为标准。

第一节 村庄贫困发展情况调查

本次调查发放村庄调查表150份,共收回有效问卷104份,其中贫困村有69个,占总调查村庄数的66%。非贫困村有35个,占总调查村庄数的34%。

一 村庄的地理位置情况

(一)村庄距离县城的距离

从图4-1可以看出,贫困村中有43.5%的村庄距离县城31—60千米,是贫困村中比重最多的组,然后有40.6%的村庄距离县城在30千米以内,有8.7%的村庄距离县城61—90千米,有7.2%的村庄距离县

城在 91—125 千米。非贫困村中比重最多的是占 57% 的村庄距离县城在 30 千米以内，然后有 25.7% 的村庄距离县城 31—60 千米，14.3% 的村庄距离县城 61—90 千米，只有 3% 的村庄距离县城 91—125 千米。通过对比会发现非贫困村超半数都是距离县城 30 千米以内比较近的村庄，而贫困村中近 60% 都是距离县城在 30 千米以外的村庄。距离县城近，发展机会多，容易脱贫。

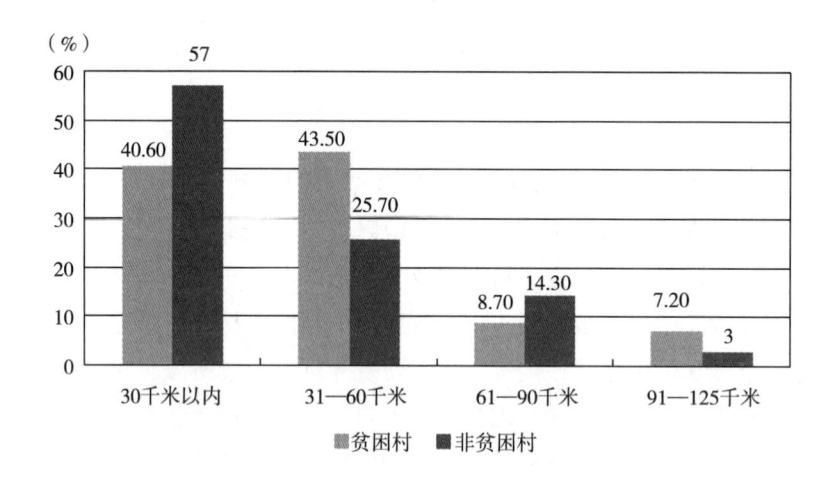

图 4-1 村庄距离县城的距离

（二）村庄距离乡镇的距离

从图 4-2 可以看出，距离乡镇在 10 千米以内的贫困村占比 65.2%，而非贫困村则为 94.3%。距离村庄在 11—20 千米的贫困村为 24.6%，非贫困村只有 5.7%。距离村庄在 21—30 千米贫困村为 10.2%，非贫困村则没有。距离县城、距离乡镇的远近对贫困是有影响的，距离不能改变，但是改善贫困村庄出行交通、道路，缩短通行的时间能更好地促进扶贫绩效。

二 村庄距离教育资源的情况

（一）距离最近小学的距离

随着义务教育普及，我国贫困农村地区教育条件得到极大改善。21 世纪，为了整合教育资源，提高教学质量，我国多地的农村进行大规模

[图表：村庄距离乡镇的距离]

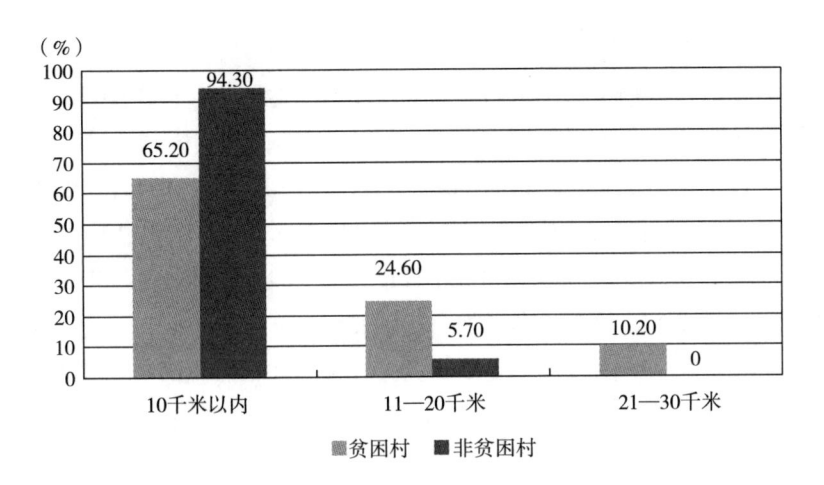

贫困村：10千米以内 65.20%，11—20千米 24.60%，21—30千米 10.20%
非贫困村：10千米以内 94.30%，11—20千米 5.70%，21—30千米 0

图 4-2 村庄距离乡镇的距离

并校工作，给部分偏远地区孩子读书造成一定困难。通过调查了解，无论是贫困村还是非贫困村，都有 85% 以上的村庄距离小学在 5 千米以内，方便小学生就读。但是贫困村中有 7.3% 的村庄距离小学 11—20 千米，而非贫困村则没有任何村庄有如此远的距离，10 千米以上距离对小学生来说很远，会加重贫困村小学生读书成本。

[图表：村庄距离最近小学的距离]

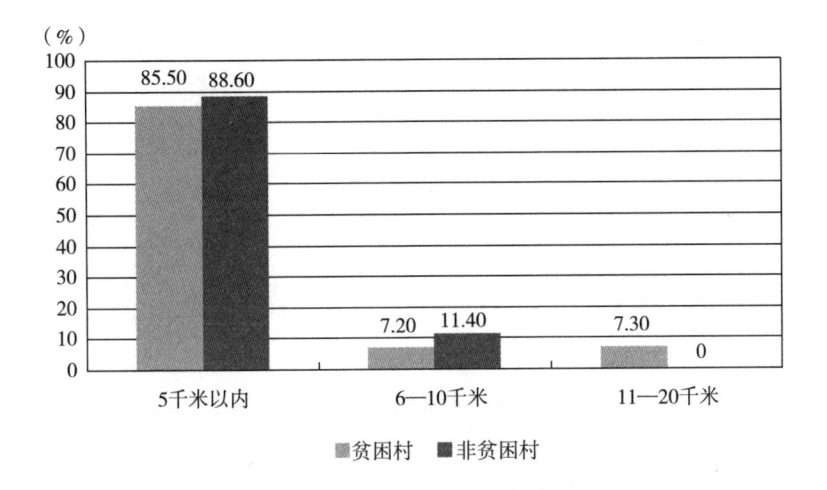

贫困村：5千米以内 85.50%，6—10千米 7.20%，11—20千米 7.30%
非贫困村：5千米以内 88.60%，6—10千米 11.40%，11—20千米 0

图 4-3 村庄距离最近小学的距离

（二）距离最近初中的距离

对比会发现小学资源贫困村与非贫困村差距不大，但是中学资源情况则明显分化。距离最近初中在10千米以内的，非贫困村中有94.3%的村庄在此距离，而贫困村有68.1%的村庄在此距离。距离初中11—20千米的贫困村有20.3%，非贫困村则只有5.7%。距离初中21—40千米的非贫困村没有，贫困村则有11.6%。贫困村远离中学以上教育资源，出行成本、教育成本增加会影响贫困村学生继续学习、深造的可能性。必须给予贫困村学生更多的教育补贴和住宿、生活补贴才能保证其平等地享受教育机会。

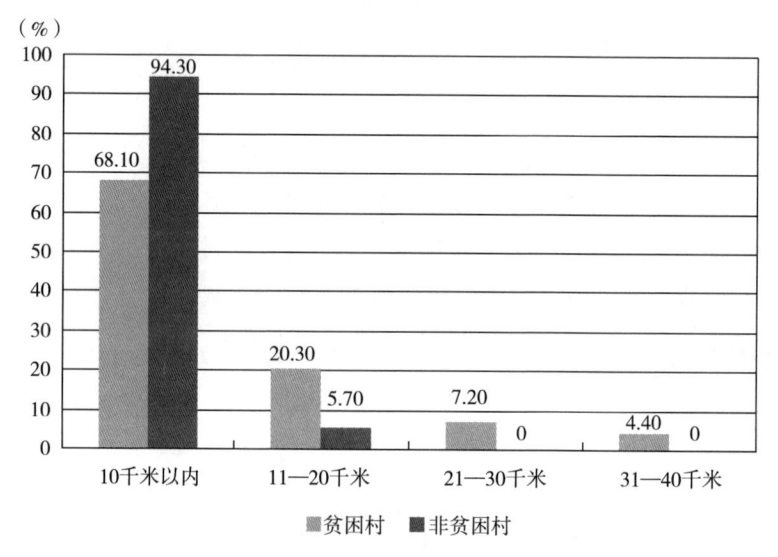

图4-4 村庄距离最近初中距离

三 村庄的人口结构情况

69个贫困村总人口数143747人，平均每村人口规模2083人。35个非贫困村总人口数118471人，平均每村人口规模3385人。从人口结构看，贫困村和非贫困村人口结构相似，16—59岁的劳动人群占半数以上。60岁及以上老年人口占比都在16%左右。我国农村人口老龄化问题不容忽视。外出时间超过半年以上的常年在外打工人数，贫困村平均占人口数的26.61%，略高于非贫困村平均占人口数的21.49%。

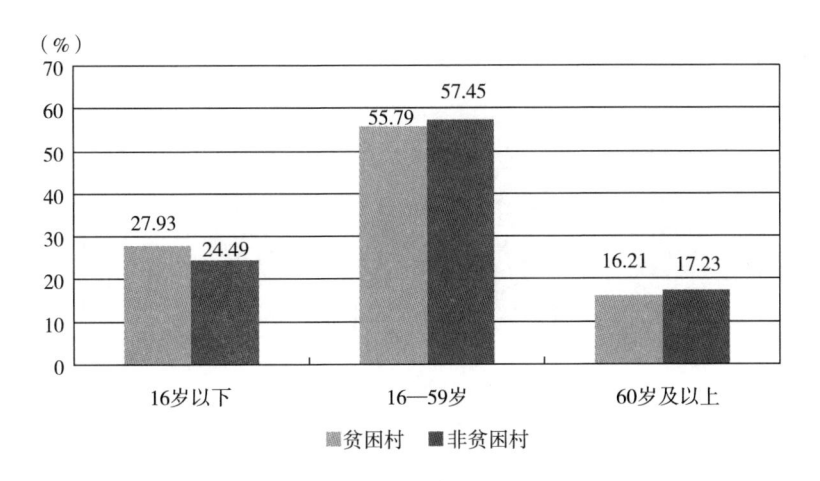

图 4-5 村庄的人口结构

注：数据约等于100%，下同。

四 村庄的基本生活设施情况

农村基本生活设施都有极大改善，但是与城镇居民相比还有很大差距。贫困村只有79%的农户通自来水，而非贫困村也只有83.1%的农户通自来水。电视是农村重要的信息资料，贫困村有91.4%的农户接收卫星电视比非贫困村情况略好。当今中国已经进入"互联网+"时代，但是调查发现农村互联网建设严重滞后，贫困村只有10.79%通互联网，非贫困村有20.07%通互联网。在网络经济高速发展的情况下，如此低的网络覆盖率，使大量农户远离数字信息化，丧失海量信息与资源。随着农村医疗保障体系建立，农村医疗资源有了极大改善，91.3%的贫困村、97.14%的非贫困村都有卫生室，保障农户小病不出村就能就地解决。但是农户的文化资源匮乏，无论是贫困村还是非贫困村都只有68%的村庄有图书文化室。调查可以看出，当前农村特别是贫困农村缺乏相应的信息资源渠道，主要靠电视获取相关资讯。

五 村庄拥有土地情况

被调查贫困村共有土地86467.46亩，平均每村约1253.15亩，有12.30%的土地对外出租，平均租金约589.56元。被调查非贫困村共有土地87467.62亩，平均每村约2499.07亩，有5.34%的土地对外出租，平

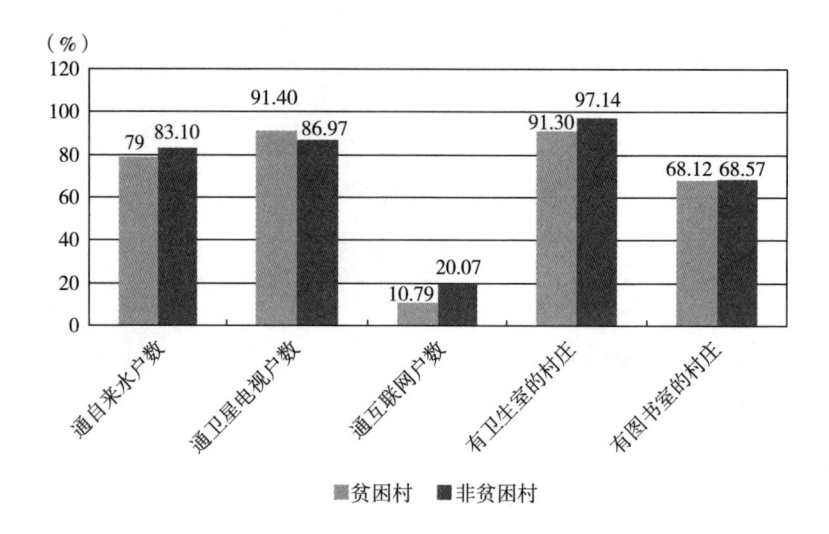

图 4-6 基本生活设施情况

均租金约 683.75 元。数据对比发现，非贫困村村均土地资源是贫困村的一倍，土地是农村最重要的资源，拥有充足的土地资源是农户致富的重要保障。随着大量农村劳动力外出，现在不少农村土地出租，土地出租整合为大势所趋。调查发现贵州农村可能由于土地租金低等原因，土地出租情况还是比较少，贫困村土地有 12% 出租，非贫困村土地出租比例才 5%。

六 村庄的扶贫情况

被调查贫困村共有认定贫困户 9993 户，平均每村有贫困户 145 户。非贫困村共有认定贫困户 2082 户，平均每村有贫困户 59 户。贫困村共有"五保"人口 3884 人，占总人口的 2.7%；非贫困村共有"五保"人口 1242 人，占总人口的 1.04%。

（一）扶贫项目和扶贫资金的投入情况

被调查贫困村近三年共有扶贫项目 389 项，平均每村有 5.6 项；获得各类扶贫资金共计 8194.4 万元，平均每村 118.76 万元。非贫困村近三年共有扶贫项目 272 项，平均每村获得 7.7 项；获得各类扶贫资金共计 4255.85 万元，平均每村获得 121.60 万元。对比发现，贫困村平均获得扶贫项目和扶贫资金都不如非贫困村，说明扶贫瞄准精度有待提高。

（二）扶贫项目的组织者

贫困村的扶贫项目有75.67%由政府组织，12.17%来自非政府组织或社会团体，9%是村民自发组织的。非贫困村扶贫项目有80.77%由政府组织，2.56%来自非政府，7.7%是村民自发组织的。可以看出当前农村扶贫项目都是以政府提供为主，村民组织也占到一定比例，需要更好地推动非政府组织和社会各方力量共同参与扶贫。当前公私合作PPP模式在中国如火如荼地推广，主要应用于基础设施领域。在扶贫领域如何推广PPP模式，让更多社会资本也积极参与精准化扶贫值得深入研究。

（三）农户参与扶贫讨论的情况

贫困村有81.16%的村民参与扶贫项目讨论，非贫困村有60%的村民参与扶贫项目讨论。调查可以看出当前农村民主参与度高，参与式扶贫落实情况不错，绝大部分村民都参与相关扶贫项目的讨论。农民参与能保障扶贫项目最大化地满足农民自身扶贫发展需求，可以更好地落实精准扶贫。必须发动更广泛的农户参与扶贫讨论，真正按照农民需求提供更精准化的扶贫服务。

（四）专业互助社发展情况

贫困村中有72.46%的村无农民互助社或专业合作社，非贫困村中有65.71%的村无农民互助社或专业合作社。专业合作社、互助社可以改变原来农民单打独斗的局面，更好地整合资源帮助农民增强应付市场风险能力。但是调查发现贵州农村无论是贫困村还是非贫困村都极度缺乏这样的专业合作社、互助社，不利于农民抱团取暖，必须引导推进专业合作社发展，增强农户的集体议价能力和抗风险能力，更好地实现规模经济。

七　农村社会保障和社会救助推进情况

随着新型农村合作医疗、新型农村养老保险推广，农村最低生活保障制度和医疗救助制度建立，加上原有的"五保"户制度，我国农村社会保障、救助体系基本建立。新农合推出时间最早，目前覆盖率高，农民满意度较高。但是调查发现，农村低保制度由于标准低、发放不公平等原因导致农民满意度评价非常低。新农保刚刚建立，受传统养老观念制约等推进工作举步维艰。本次调查主要对农村低保和养老保险的落实情况进行专项调查。

（一）农村最低生活保障制度

被调查贫困村领取农村最低生活保障户数共计9849户，平均每村有143户，非贫困村领取低保户数共计3363户，平均每村有96户。人均月发放的低保标准最高为500元，最低标准为30元，平均标准在120元左右。贫困村中发放低保的标准低于50元的有20.29%的村庄，有47.82%的村庄发放低保标准为50—120元，有31.88%的村庄低保标准超过120元；非贫困村中发放标准低于50元的有20%，50—120元的有31.43%，超过120元的有48.57%。调查发现目前农村最低生活保障平均标准普遍不高，不能真正发挥其基本保障的功能，不能为扶贫起到基本兜底作用。而且同一省份不同地区间的农村低保标准差距不小，需要省一级统筹协调，保障公平。

（二）新型农村养老保险制度

被调查贫困村领取农村养老保险人数共有19806人，平均每村有287人；非贫困村有7433人，平均每村有212人。由于农村养老金标准普遍偏低，普遍水平为人均每月60元左右，每月领取养老金最低标准为50元，最高为340元。71%的村庄养老金标准都在60元及以下。调查发现60岁及以上人口占总人口的比重在16%左右，当前农村人口也进入老龄化。由于农村养老保险才刚刚建立，覆盖率、养老金标准都有待提高。必须加大政府投入帮助农村养老保险体系构建完善，提高贫困农户的养老补助标准，实现所有农户都老有所养。

从村庄调查总体情况看，当前农村基础设施得到极大改善，但是与城镇相比农民信息获取渠道狭窄，农村互联网建设必须及时跟进与普及。必须通过农村交通、道路改善降低农民通行成本。由于部分贫困村庄远离基础教育资源，必须加大生活、住宿和交通补贴提高贫困村庄学生平等受教育的机会。随着新农合、新农保推进，农村基本社会保障体系初步建立，由于目前保障标准低，还不能真正发挥应有的保障作用，为了应对已经到来的农村老龄化问题必须切实提高养老、医疗的保障水平。当前的扶贫项目主要由政府提供，应出台更多优惠措施鼓励社会资本参与扶贫。从财政、金融等角度加大农村互助社、专业合作社扶持力度，更好地发挥农户间互助组织帮助农户提高抵御风险能力。

第二节 农户贫困发展情况调查

参照国家贫困标准，本次调查根据家庭收入选项上限/家庭人口数小于等于人均年纯收入2300元确定为贫困户，本次调查以家庭为单位，共发放农户调查问卷1000份，共收回有效问卷932份，其中贫困户443户，占全部调查农户数的47.53%，非贫困户489户，占比52.47%。被调查的贫困户中女性占比26.87%，非贫困户中女性占比27.40%。被调查的贫困户中少数民族占比31.83%，非贫困户中少数民族占比28.22%。

一 农户的文化素质情况

贫困户文化程度普遍偏低，小学及以下学历占比约65%，其中小学学历占比最高，初中学历占比位居第三，接受过高中及以上学历的比重非常低。非贫困户学历占比最多的是初中学历，然后是小学学历，排第三位的是高中或中专学历。对比发现，非贫困户的学历普遍高于贫困户。农民文盲半文盲的比重还是较高，接受大专及以上教育的比例很低。教育程度越高，贫困概率越低。

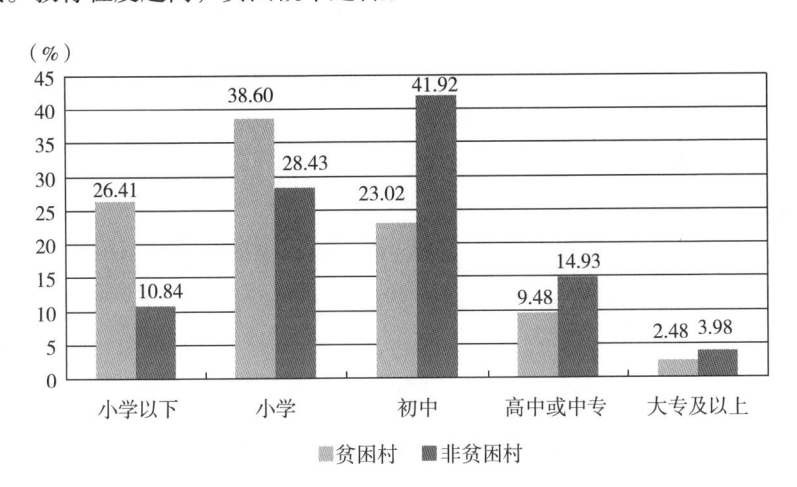

图 4-7 农民文化素质情况

二 农户的家庭收入情况

(一) 家庭年总收入情况

收入是衡量贫困的重要标准。由于农户收入来源多,不确定因素多,本次调查总收入可能不够精确,只能反映部分情况。贫困农户家庭年总收入最多是在4601—7000元这档,然后是2300元及以下这档,第三位是收入在2301—4600元这档。非贫困户收入最多的是11501—16000元这档,然后是20001—50000元这档,其次是16001—20000元这档。对比发现贫困户与非贫困户的收入差距大。

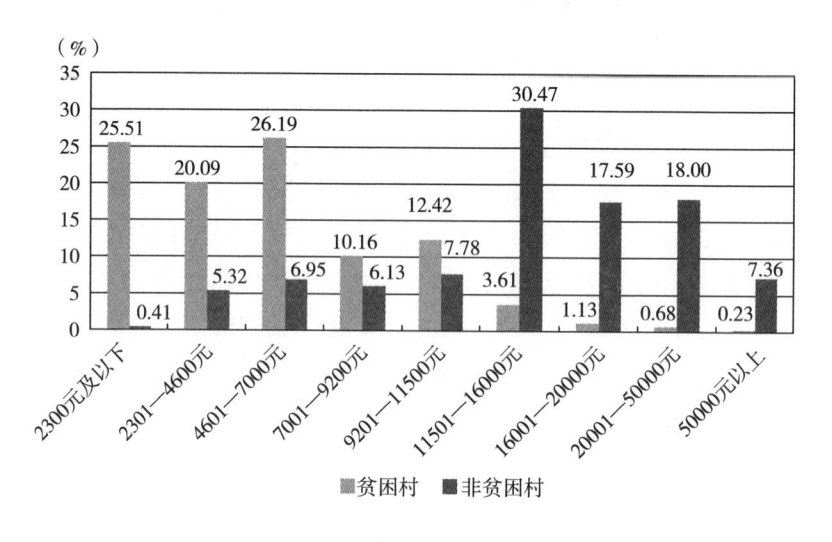

图 4-8 农户家庭年总收入情况

(二) 收入的主要来源情况

贫困户家庭收入最大来源是农业、养殖业收入,第二位是外出务工收入。非贫困户家庭收入最大来源是外出务工收入,然后才是农业、养殖业收入,且务工收入是传统农业收入的一倍多。当前农民主要收入集中于农业和外出务工,外出务工成为农民收入的重要保障,贵州农民经商收入比重很低。贫困户收入来源除了农业收入高于非贫困户外,其他收入都低于非贫困户。收入来源单一,更多地依靠传统农业收入,农业收入有限,成为贫困的重要因素。

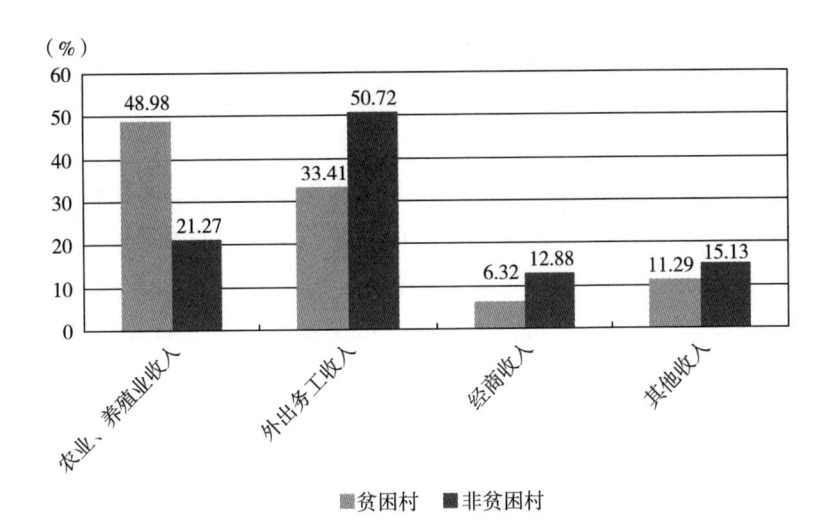

图 4-9 农户收入来源情况

（三）农户认为影响增收的因素

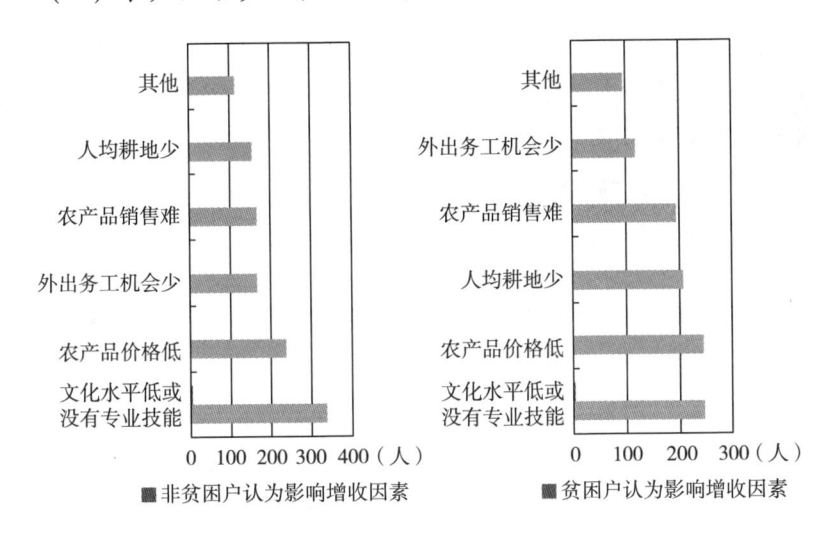

图 4-10 农民认为影响增收因素

调查采用多选方式，影响增收因素不论是贫困户还是非贫困户得票最多的是文化水平低或没有专业技能，然后是农产品价格低是得票第二多的选项。得票第三位的因素贫困户与非贫困户出现分歧，贫困户认为是人均耕地少，而非贫困户则认为外出务工机会少。农产品销售难，同时位居第四位。由于贫困农户更多收入来源是农业收入，所以人均耕地少成为其影响增收的重要因素。非贫困户收入来源更多依靠外出务工，更看重外出务工机会。

农民都已经意识到教育、培训对其收入的重要影响，必须加强农民专业技能培训，增加农民人力资本价值才能增加农民外出务工机会，才能真正引导农民脱贫致富。农业收入还是当前很多农民的主要收入来源，农业自身特点决定其行业容易出现谷贱伤农情况，如何通过财政补贴提高农产品价格，保障农民种粮、种田积极性，加大农产品信息渠道建设，有效解决农产品信息不对称销售难情况，对农民增收脱贫影响重大。

三　农户的家庭支出情况

（一）家庭年支出情况

支出比收入更能反映农户的实际生活状况，贫困农户的家庭年支出最多集中在4601—7000元这档，然后是2301—4600元这档。非贫困农户家庭年支出最多集中在20000元以上，然后是11501—16000元这一水平。从收支水平比较看，贫困农户收入、支出排序基本相同。非贫困农户收入主要集中在11501—16000元这档，支出水平最多却是20000元以上，支出水平高于收入水平。贫困农户有少部分支出水平很高，收支不平衡问题突出。

（二）支出的主要用途

调查采用多选方式让农户选择占比最大前几项家庭支出情况，贫困农户支出排列依次为：日常生活开支、子女教育支出、医疗看病支出、人情送礼支出、种地支出、其他支出。非贫困农户选择支出顺序依次为：日常生活开支、子女教育支出、人情送礼开支、医疗看病支出、种地支出和其他支出。可以看出除了必需的日常支出外，教育、医疗是农民生活重要负担，人情送礼加重农民生活负担。

四　农户拥有耕地的情况

耕地面积直接影响农户的农业收入，调查发现贫困户中约一半的农户拥有人均耕地仅在1亩及以下，而非贫困户中约有一半的农户人均耕地在2亩以上。

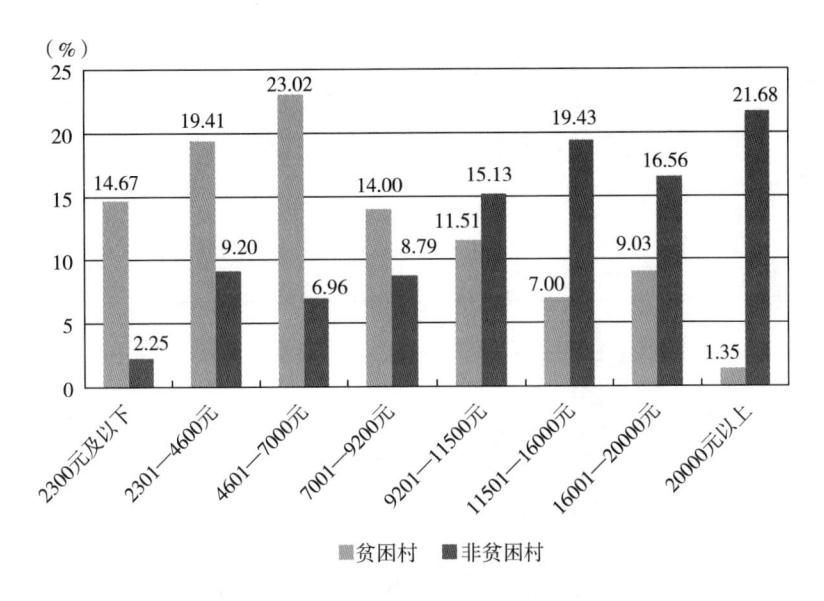

图 4-11 农户的家庭年支出情况

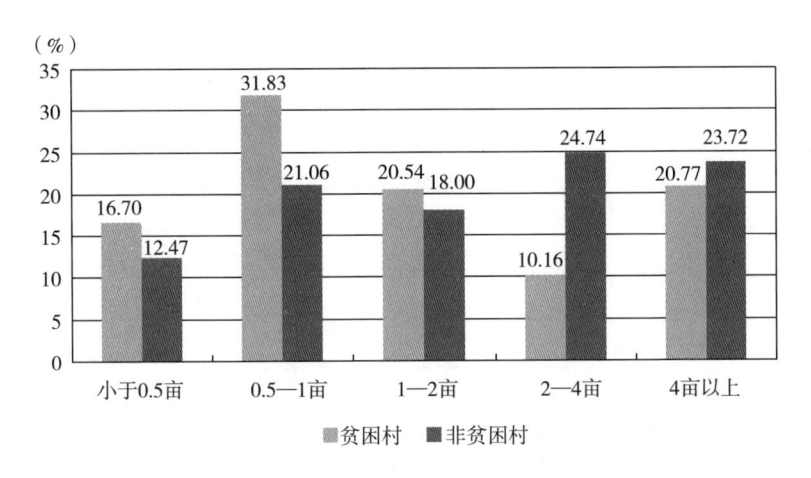

图 4-12 人均拥有耕地情况

五 农户获得政府财政补贴的情况

(一) 获得财政补贴金额

被调查者贫困户中有 74.77% 获得过政府发放粮食直补、良种补贴、农机补贴等财政补贴,非贫困户中有 74.23% 获得过政府财政补贴。农户家庭每年获得财政补贴金额最多的是 101—200 元,贫困户排第二位的金额是 100 元及以下，第三位的是 201—300 元，非贫困户获得财政补贴第二位的 201—300 元，然后才是 100 元及以下。60% 左右的农户都反映家庭年补贴都在 300 元以下。财政补贴不高很难发挥补贴应有的引导作用。

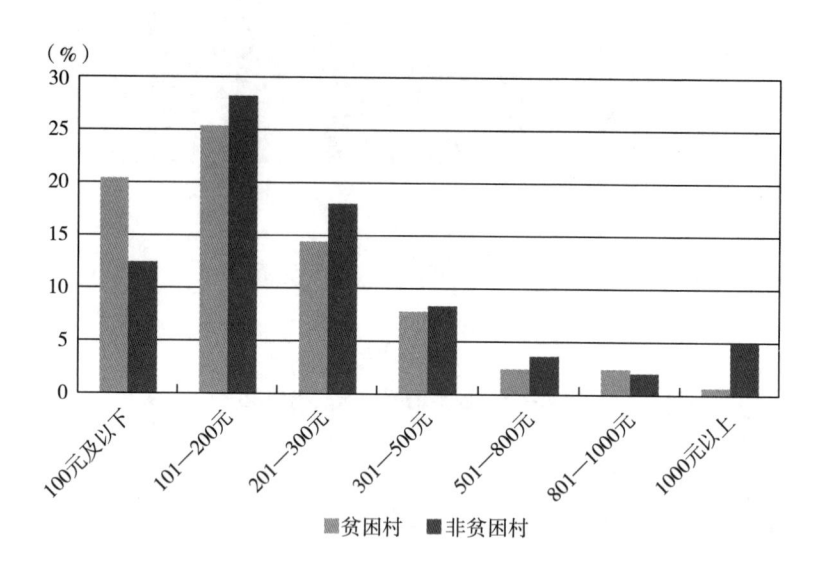

图 4-13　农户家庭获得年财政补贴金额情况

（二）财政补贴的用途

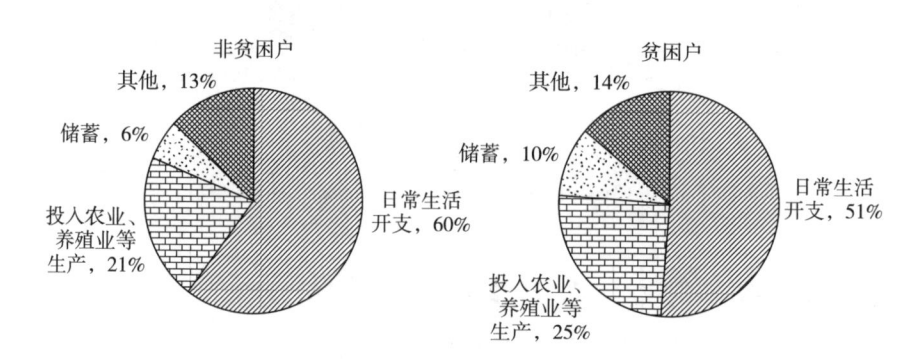

图 4-14　农户获得财政补贴的用途

贫困户和非贫困户财政补贴用途基本相同，获得补贴一半以上主要用于日常生活开支，然后是投入农业等生产用，小部分用于储蓄。贫困户储蓄比例更高，投入生产比例更高，非贫困户用于生活开支比例更高。

（三）住房或危房补贴情况

被调查贫困户中有33.18%获得过政府住房或危房补贴，非贫困户中有39.26%获得该项补贴，近六成农户没有获得该项补贴。获得住房补贴贫困户中有47%认为住房条件得到改善，非贫困户中有57%认为住房条件得到改善。调查发现，非贫困户获得住房或危房补贴比例略高于贫困户，补贴带来居住条件改善，非贫困户评价也好于贫困户。

调研了解大部分住房或危房补贴需要农民出几千元到上万元资金进行配套才能获得，容易出现马太效应，真正贫困农民很难受益。

六 农户主观贫困评价及贫困原因分析

（一）农户主观的贫困评价

调查根据收入推算的贫困户中有80%认为自己贫困，但是也有近20%认为自己不贫困，非贫困户中有近40%认为自己贫困。从农民主观评价看，贫困问题还是很突出，这可能不仅与收入相关，更多是与整个社会发展的相对比较看。

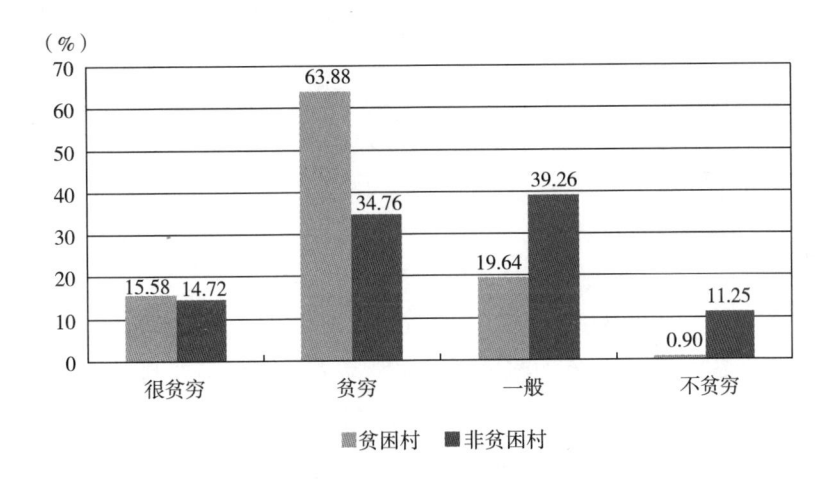

图4-15 农民主观贫困评价

（二）农民认为贫困的原因

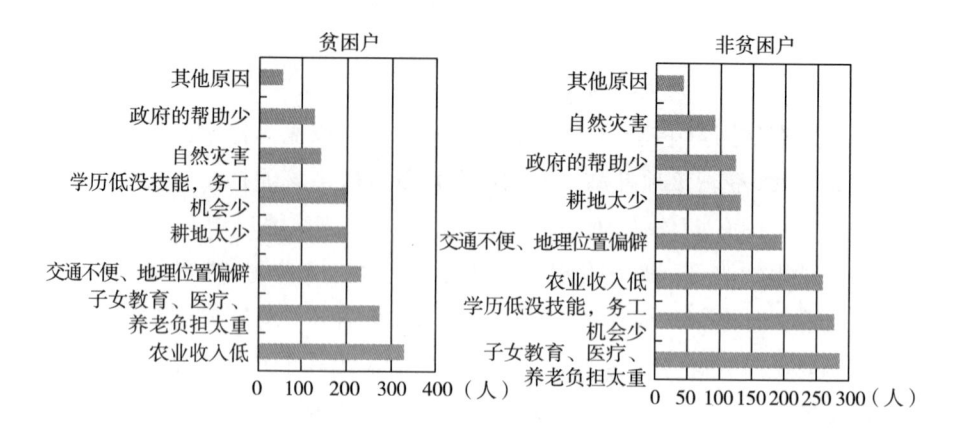

图 4-16　农民认为贫困的原因

调查采用多选方式，贫困户选择贫困原因中，选择农业收入低最多，然后是子女教育、医疗、养老负担太重，交通不便、地理位置偏僻。非贫困户选择贫困原因中最多的是子女教育、医疗、养老负担太重，然后是学历低没技能，务工机会少，农业收入低。对比发现，贫困户更加看重农业收入，非贫困户更加看重务工机会。所有农民都认为子女教育、医疗、养老负担重，只有完善农村社会保障体系才能解决农民后顾之忧。交通不便、地理位置偏僻还是制约发展的重要因素。贫困原因是多方面的，但是政府加大扶持力度，减少自然灾害对农民的影响，改善交通通行条件等可以更好地改善农民生活状况。

七　政府扶贫情况

（一）政府认定贫困户情况

调查被统计为贫困户的只有43.12%被政府认定为扶贫对象或贫困户，而非贫困户中有36.40%被政府认定为贫困户。本次调查只是按照收入估计贫困，不够精确。精准扶贫中对扶贫瞄准提出更高要求，必须保证所有贫困户都得到量身定制的扶贫服务。

（二）参与扶贫项目讨论的情况

贫困户中有31.60%表示参加过扶贫项目的讨论，非贫困户中有

41.92%参加过讨论。只有充分听取农户意见,才能保障扶贫项目更有针对性地满足农户发展需要。

(三) 农户对政府扶贫项目的满意度情况

总的来看,农户对扶贫项目满意度不高,超过60%的农民觉得政府扶贫项目一般或不满意。相对而言,非贫困户的满意度比贫困户略高。说明政府扶贫项目必须改进原有政府主导的工作方式,充分听取农户意见,精准扶贫必须尊重农民发展意愿,才能最大化满足农民需要,更好地得到农户的支持,这对政府扶贫提出严峻考验。

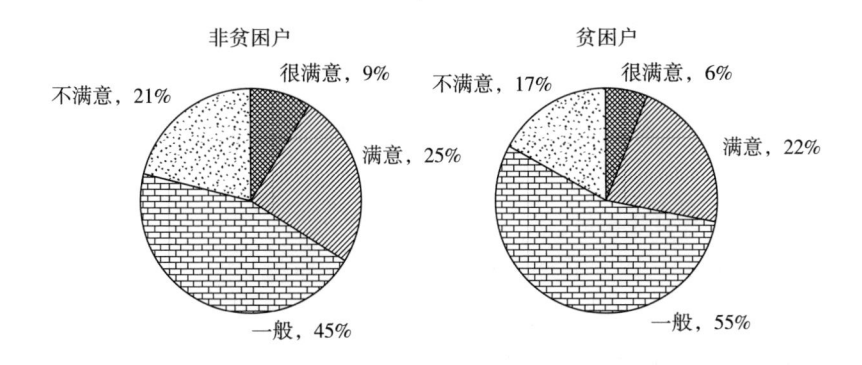

图4-17 农户对政府扶贫项目满意度

(四) 农户认为政府扶贫项目的方向

调查采用多选方式让农户选择希望政府扶贫项目投入的方向,贫困户投票最多的是农村基础设施改善,然后是农村教育、医疗、养老和扶持农业。非贫困户最希望投入农村教育、医疗、养老,然后是农民技能培训和扶持农业。可能由于多数贫困户居住条件偏僻等原因,所以更希望政府帮助改善基础设施,而非贫困户更关心技能培训。农村教育、医疗、养老和扶持农业发展都是农民认为政府扶贫最应该集中做好的事情。过去我国扶贫项目更多投入扶持农业发展和农村基础设施改善,现在根据农户反映除了继续要做好这些方面工作外,政府扶贫项目也应该配合促进农村教育发展和农村医疗、养老体系完善。只有构建完善社会保障体系,大力发展农村教育,才能真正减轻农民生活负担。

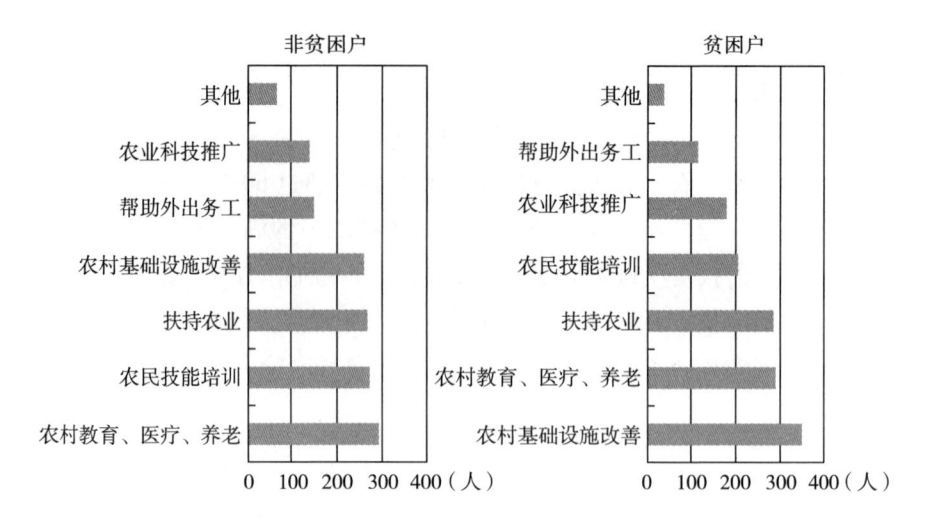

图 4-18 农户希望政府扶贫项目投入方向

(五) 生态搬迁情况

生态移民，搬离不适合发展地区是近年扶贫发展的一种思路。被调查贫困户中有 16.70% 为生态移民，非贫困户中有 16.56% 为生态移民。对搬迁移民后的生活满意度调查显示，贫困户中有约 56% 表示不满意、一般；而非贫困户中有约 56% 表示满意和很满意。可能由于贫困户生态搬迁后还是没有摆脱贫困状态，导致其满意度评价差。

八 农户家庭负债和申请贷款情况

被调查的贫困户中有 67.72% 的家庭有欠债，非贫困户中有 53.78% 的家庭有欠债。贫困户中有 45.37% 的家庭申请过扶贫贷款或小额信用贷款，申请过贷款农户中有 72.41% 表示申请贷款困难。非贫困户中有 47.03% 申请过扶贫贷款或小额信贷，其中有 64.04% 表示申请困难。

通过调查发现，超过半数的农户家庭都有欠债，贫困户家庭欠债情况比非贫困户多，但是申请过贷款的情况，非贫困户比贫困户略多点。农户家庭贷款比例小于有负债的比例，说明不少农户负债不是通过银行解决。绝大多数申请过贷款的农户都表示申请贷款困难，贷款不容易，农户更多地会通过亲朋好友举债，或通过民间高利贷举债，这会导致信用风险。小额信贷对农民发展生产，解决暂时生活困难非常有益。增加小额信贷发放，简化贷款程序，降低贷款门槛，对精准扶贫意义重大。

九 参加社会保障、获得社会救助的情况

（一）新农合情况

被调查贫困户中有88.94%参加过新农合，非贫困户中有79.96%参加过新农合。新农合覆盖率高，约80%的农户都参加。对新农合的满意度调查显示，农户对新农合的满意度还比较高，近60%表示满意，不满意的比例很低。

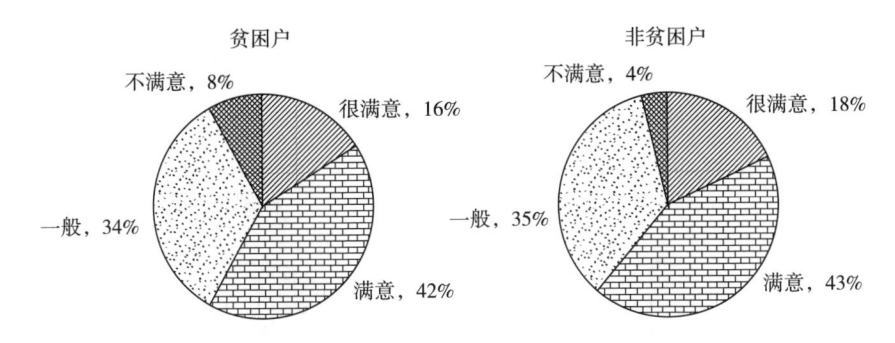

图4-19 农户对新农合的满意度情况

（二）最低生活保障情况

被调查贫困户中有39.9%获得农村最低生活保障补助，非贫困户中有36.61%获得低保。贫困户中过半数对低保不太满意，非贫困户中一半以上表示满意。评价不高，可能与贫困户还有近60%没有获得相关低保补助有关。

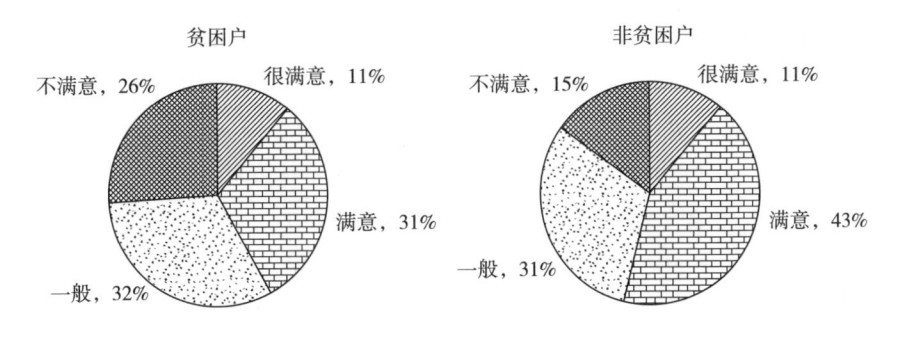

图4-20 农户对农村最低生活保障的满意度情况

（三）新农保情况

被调查贫困户中有 62.3% 参加农村养老保险，非贫困户中有 62.78% 参加新农保。新农保推出时间短、覆盖面不高，为了应对老龄化，还需加大新农保覆盖面，保障更多农户有基本养老保障。

对新农保的满意度调查显示，超过半数的贫困户对新农保的满意度评价不高，非贫困户则有过半数的觉得满意或很满意。贫困户中不满意的比例远高于非贫困户。说明贫困户中由于家庭收入有限或是对新农保的作用认识不足等，需要对贫困户家庭给予一定救助或补助，扩大新农保覆盖面让更多人受益实现老有所养。新农合已经广泛得到农户认可，当前政府要加大财政对新农保的补贴力度，提高新农保标准，提升农户对新农保的满意度。

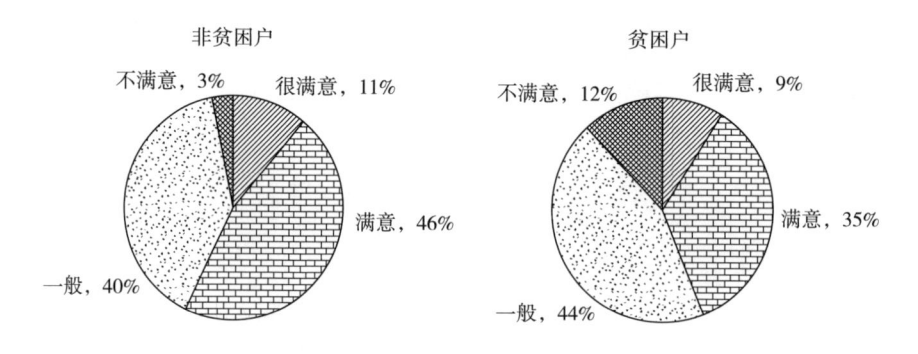

图 4-21　农户对新农保的满意度情况

十　农户家庭的教育负担情况

被调查农户中有 71.11% 的贫困户家庭有子女处于读书阶段，有 70.14% 的非贫困户家庭有子女处于读书阶段。子女处于读书阶段的家庭中感觉教育负担沉重的比例，贫困户为 81.90%，非贫困户为 81.34%。调查发现绝大多数农户都觉得子女的教育负担沉重。

子女在义务教育阶段需要住校的比例贫困户是 71.43%、非贫困户是 64.72%。子女需要住校的家庭几乎 100% 都觉得住校的生活费、交通费负担重。住校学生中，学校有营业食堂或获得营业补贴的比例，贫困户是 88%，非贫困户是 94.59%。伴随我国"两基"工程实施和

"两免一补"政策落实,我国农村义务教育得到极大改善,但调查发现农户还反映教育负担重。为了更好地提高义务教育水平,除了继续实施"两免一补"政策外,还要加大义务教育阶段住校生的生活、交通补贴。同时对贫困户子女高中、大学教育提供更多教育补贴。知识改变命运,扶贫必扶智,只有切实减轻教育负担,提高贫困农户子女平等接受良好教育的机会,才能更好地改善扶贫绩效,阻断贫困代际传递的路径。

十一 参加技能培训的情况

本人或家人参加过相关职业技能培训比例,贫困户中仅有28.89%,非贫困户有41.31%,高于贫困户比例。参加过技能培训的贫困户中,过半数的都是自己花钱学习的,然后才是政府组织的。参加过技能培训的非贫困户以政府组织培训最多,然后是企业组织培训。调查发现,非贫困户得到培训机会特别是政府组织和企业组织的培训机会比贫困户多得多,技能培训能快速提高人力资本价值,帮助更好脱贫。必须加大农户特别是贫困农户技能培训力度,帮助其创造更多就业机会。

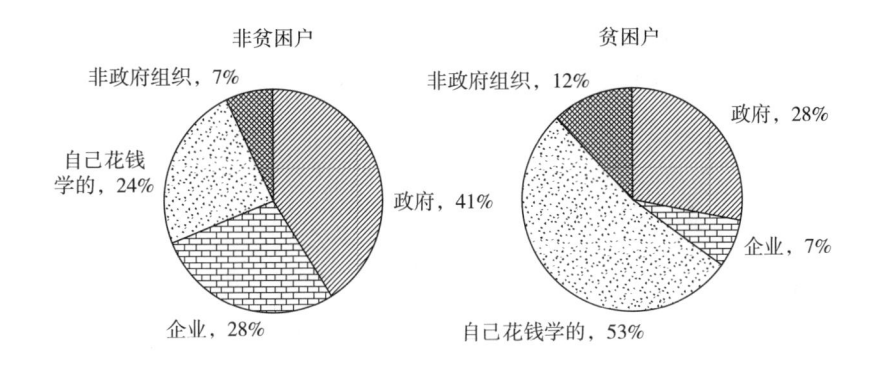

图4-22 农户参加技能培训的组织机构

十二 外出务工的情况

(一)家庭外出务工的人数

外出务工收入已经成为当前农民最主要的收入来源之一,外出务工人数对家庭收入影响巨大。调查发现，贫困户家庭外出务工人数最多的组是家庭有1人务工，然后排第二位的是2人外出务工，而非贫困户外出务工人数最多的组是家庭有2人务工，然后排第二位的是家庭有1人外出务工。对比发现，贫困户无人外出务工比例远高于非贫困户。总体来看，农户家庭外出务工人数主要集中在1—2人。

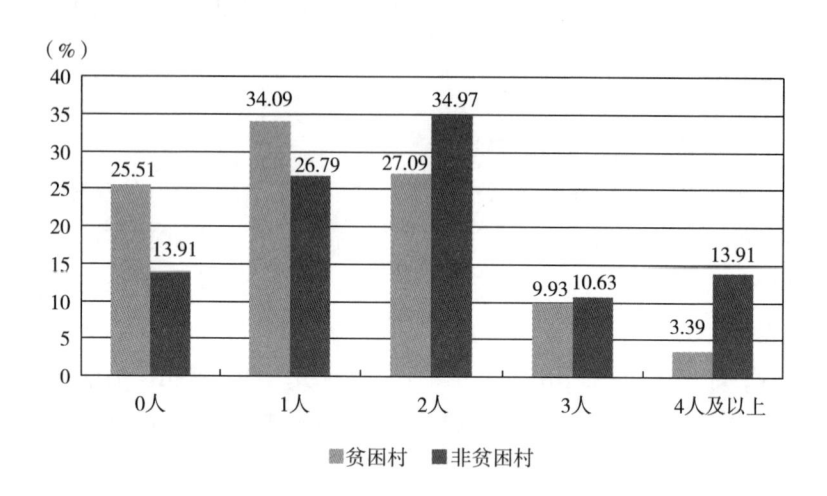

图4-23 农户家庭外出务工规模

（二）外出务工人员的年龄

农户外出务工年龄最多的是35—50岁，然后是20—35岁。大部分外出务工人员随着年龄增大，外出务工机会会大幅度降低。但是也有约4%的务工人员年纪在50岁以上。

（三）外出务工人员的文化程度

外出务工人员的文化程度集中在初中文化程度最多，占半数左右，然后是小学及以下文化程度。高中学历以上外出务工的比例非常低，可能学历高就业机会多，不需要外出务工。

（四）外出务工的地点

由于贵州经济发展相对滞后，务工机会少，70%左右的外出务工人员都选择到贵州省外就业。省外务工会导致务工人员背井离乡，不能及时照顾家庭。贵州省应该加大工业化发展，吸引更多务工人员返乡就业、创业，才能避免空巢老人、留守儿童无人照顾的情况。

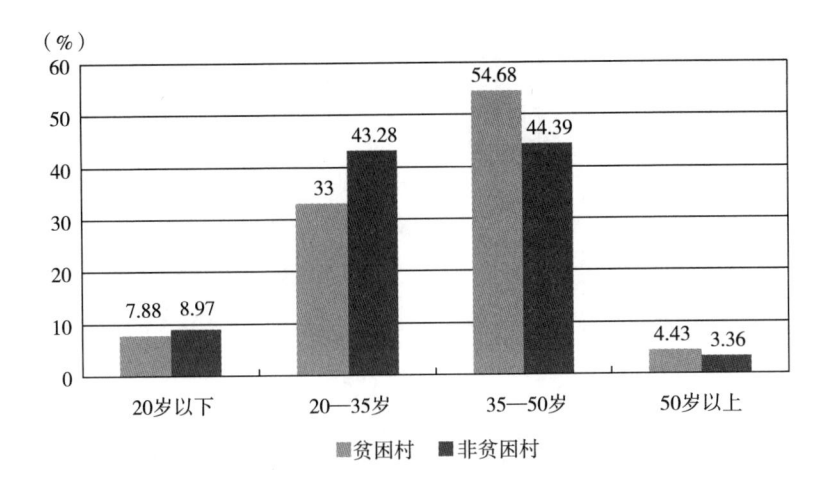

图 4-24　外出务工人员的年龄

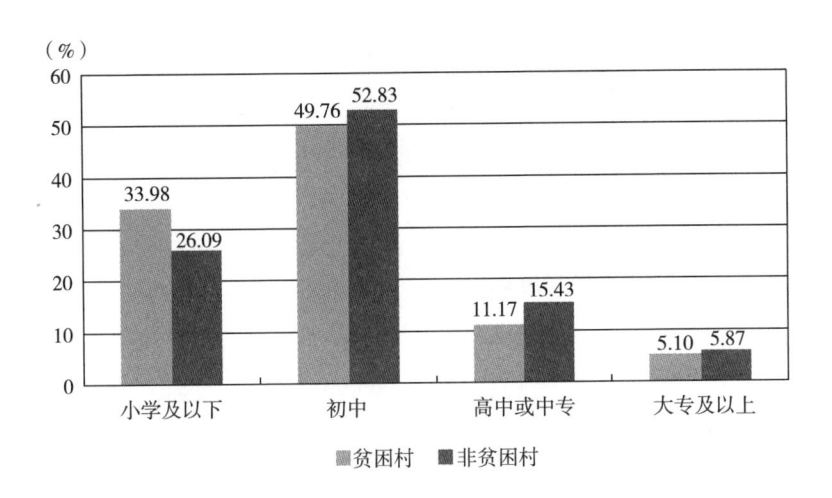

图 4-25　外出务工的文化程度

(五) 外出务工的主要障碍

调查采用多选方式让农民选择影响其外出务工的主要障碍,所有农户都一致认为没有专门技能是最大障碍,然后是学历太低。位居第三的务工障碍则不同,贫困户认为家庭劳动力缺乏,非贫困户则认为是用工信息不够。

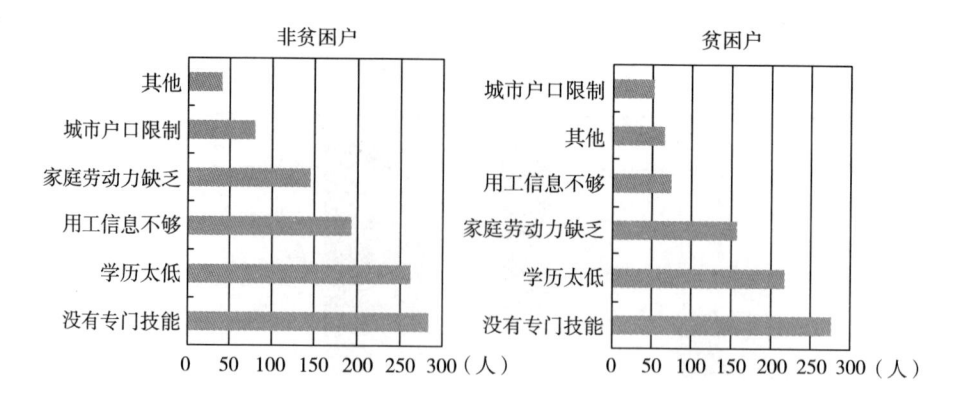

图 4-26　农户认为影响外出务工主要障碍

调查发现贫困户外出务工人员中只有 27.09% 接受过专业培训，非贫困户中有 29.10% 接受过专业培训。农户都意识到技能缺失是务工最大障碍，但是由于相关技能培训信息不对称、费用高等原因导致农户培训机会很少。政府要引导更多社会资本参与职业教育，同时改善技能培训财政补贴力度和方式，让更多农民能得到自身所需技能培训，增加务工机会，更好地实现精准扶贫。

十三　农户对户籍制度态度

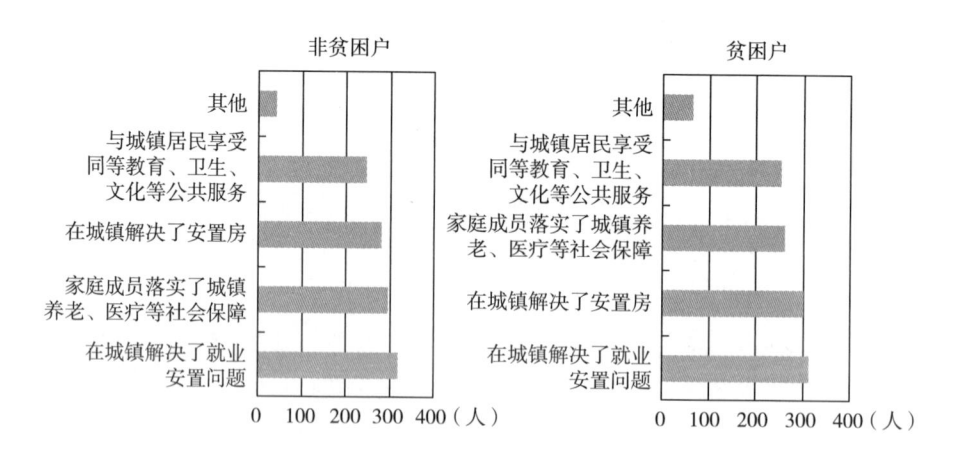

图 4-27　愿意换城镇户口的原因

是否愿意把农村户口换成城镇户口调查中，贫困户中76.52%表示不愿意，非贫困户中65.44%表示不愿意。当前绝大多数农户都认为城镇户口吸引力不大，在哪种情况下愿意把农村户口换成城镇户口的多项选择中，农户都认为首先要解决就业安置问题，第二要解决的问题贫困户认为是解决安置房，非贫困户认为是落实城镇养老、医疗等社会保障。第三要解决的问题贫困户认为是落实城镇养老、医疗等社会保障，非贫困户认为是解决安置房。第四关注问题是与城镇居民享受同等教育、卫生、文化等公共服务。在城镇户口不再具有吸引力的情况下，中国户籍制度放开是必然，更好地创造就业是推进城镇化的首要任务。

十四　农户参加专业合作社情况

农民专业合作社，通过提供农产品的销售、加工及农业生产相关技术、信息等服务实现农户互助。农民资金互助社，是以入社农户为主体，为社员提供资金融通服务的互助组织。调查显示贫困户中只有26.19%的农户参加专业合作社或互助社，非贫困户中只有36.81%参加专业合作社或互助社。

农户都希望专业合作社或互助社提供了前三位服务是：解决资金不足、贷款难问题，其次是提供技术指导培训，然后是解决农产品运输、销售问题。贫困户还希望专业合作社或互助社提供服务依次为：统一品牌，提高产品价格、得到合作社的分红和提供更多信息。非贫困户还希望提供服务依次为：提供更多信息、得到合作社的分红、统一品牌，提高产品价格。

可以看出当前农户参加专业合作社或互助社的比例不高，非贫困户参与专业合作社或互助社的比例比贫困户略高。应该鼓励更多农户参加相关专业合作社或互助社，以抱团的形式更好地提高整体抵御风险能力。由于农户贷款难问题突出，在大力发展小额信贷的同时，也要大力推进农户资金互助社的发展，更好地解决农民融资问题。政府应出台相关政策引导推动农村专业合作社或互助社发展壮大。

十五　当前农户最关心的问题

对当前农民最关心的问题采用多选方式进行调查，所有农民都最关

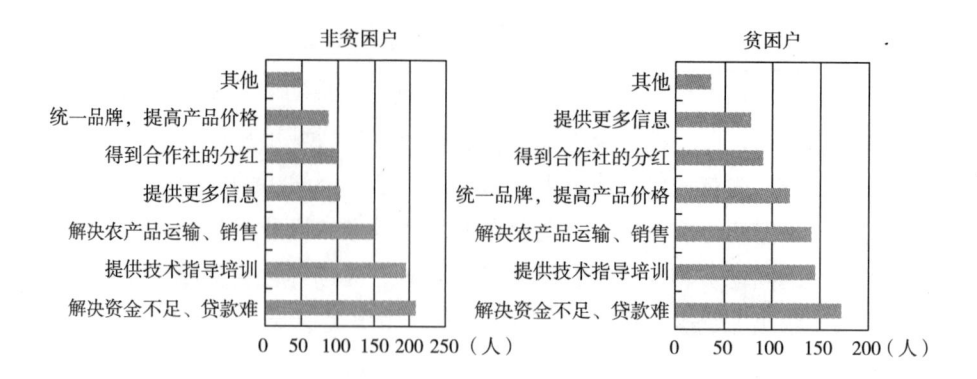

图 4-28 农民希望互助社提供的服务

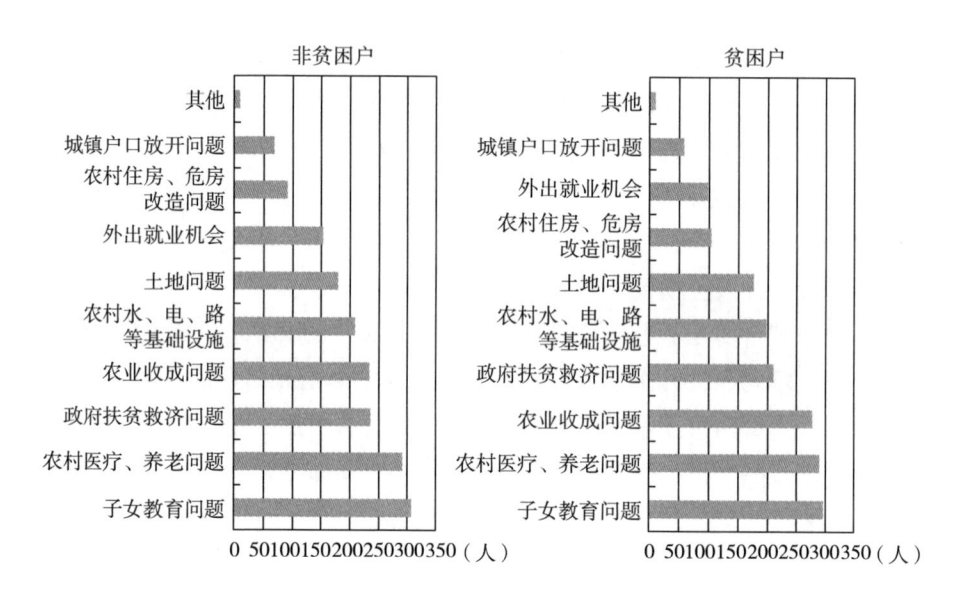

图 4-29 当前农民最关心的问题

心子女教育问题，然后是农村医疗、养老问题。贫困户关心问题位居第三、第四是农业收成问题和政府扶贫救济问题，非贫困户排序则刚好相反。然后农户关心问题是农村水、电、路等设施和土地问题。非贫困户关注外出就业机会比贫困户多。城镇户口放开问题位居农户关注问题最末位。

从农户问卷调查总体情况看，当前农民收入水平得到大幅度提升，从人均收入看还有不少农民生活困难。大部分农户存在家庭负债，都认为贷款困难。贫困农户的收入来源更多地来自农业收入，非贫困农户收入更多地来源于外出务工收入。导致贫困农户更看重农业发展，非贫困农户更看重外出务工机会。农户都认可文化程度低、没有技能是影响收入的最重要因素，然后是农产品价格低。农民支出主要集中在日常生活开支和教育、医疗支出方面。随着社会贫富分化，农民主观评价贫困的比例高。农民认为贫困主要原因是教育、医疗、养老负担沉重，农业收入低。农户参与政府扶贫项目讨论比例低，导致大部分农户对政府扶贫项目不太知晓，满意度低。农户认为政府扶贫项目除原有的扶持农业外要更多地投向农民支出负担沉重的教育、医疗、养老，帮助农户培训提高技能方面。农户目前获得财政补贴有限，主要用于日常生活开支，没有发挥财政补贴引导作用。新农合覆盖率高，满意度高，贫困农户对低保和新农保评价低，认为其保障水平低，没有发挥应有作用。农户普遍反映教育负担沉重，不少农户子女接受义务教育需要住校，加大农户教育负担，需要继续提高改善农村义务教育的生活、交通补贴。农户特别是贫困农户受过技能培训的比例低，已经外出务工人员中接受过技能培训不到30%，农户都认为外出务工的主要障碍就是没有技能，导致就业机会少，工资水平低。要加大技能培训力度，改革技能培训财政补贴力度与方式，应鼓励更多社会力量共同参与，通过提高农民技能实现人力资本价值提升。农民专业合作社、互助社需要大力发展与推进，让所有农户都得到专业互助组织扶持与帮助。从农民目前最关心问题来看，教育负担高居榜首，然后是医疗、养老问题。

第三节　调查结论与建议

一　村镇公共交通系统亟须改善

贫困村普遍比非贫困村距离县城、乡镇更远。距离让贫困村庄远离市场、资源和更多的就业发展机会，拖累了脱贫步伐。地理距离可以通过改善贫困村庄道路建设，开通村镇公共交通车等措施来缩短。调查发现当前贵州乡镇通行都很方便，道路建设条件普遍较好，也有大量公交车往返县乡。但是乡镇到村庄特别是一些偏远村庄通行还是大问题，大部分贫困村庄都没有建立起相应的村镇公共交通系统,出行基本靠农户步行或骑车解决。不少村庄偏远且山区道路情况复杂,农户步行需要较长时间,骑摩托车等又存在极大交通安全隐患。村镇公共交通系统由于成本高等问题,市场提供肯定意愿不高。必须由政府出台相应专项财政补贴措施,鼓励村镇公交系统建立。实现村村通公交必将极大改善贫困村庄和农户的通行成本和时间,缩短与市场的距离。可以先在部分贫困村庄试点,每天固定时间至少保证有一班公交车往返村镇,这样可以极大地方便学生到乡镇上学,村民也可以方便出行办事,周末根据市场需要加大公交车投放次数。村镇公交系统建立必将极大降低贫困村庄学生的教育通行时间与成本,减少农户的教育负担。市场由于财政补贴也会积极介入村镇公交建设,让距离不再成为精准脱贫的障碍。

二 "智慧村庄"的互联网建设必须加大投入

在全民拥抱"互联网+"的时代,一定不能把贫困农村遗漏。市场已经意识到农村巨大市场与潜力,阿里巴巴集团的农村淘宝项目计划投资 100 亿元,建立 1000 个县级服务中心和 10 万个村级服务站,覆盖全国 1/3 的县和 1/6 的农村地区,通过"互联网+农村+人才"激活农村发展新动力。[①] 2015 年,贵州省人民政府与阿里巴巴集团签订《农村电子商务战略合作协议》,希望通过农村电子商务,发展农村经济。但是调查发现,当前贵州农村互联网建设非常滞后。政府必须鼓励相关电信行业加快"宽带乡村"推行,加快 4G 信号对村镇全覆盖。只有保障互联网基础设施建设,才能更好地实现"智慧村庄",更好地通过电子商务平台实现农商对接,便利农民生活。

三 农户收入来源单一,文化程度低是影响收入的重要因素

当前农民收入水平得到大幅度提升,从人均收入看还有不少农民生活困难。大部分农户存在家庭负债,都认为贷款困难。贫困农户收入来源更多地来自农业收入,非贫困农户收入更多地来源于外出务工收入。

---

① 刘权:《"互联网+农村+人才"激活农村发展新动力》,中国劳动保障新闻网,http://www.clssn.com/html1/report/15/5458-1.htm,2016-05-10。

导致贫困农户更看重农业发展，非贫困农户更看重外出务工机会。农户都认可文化程度低、没有技能是影响收入和致贫的最重要因素。农户收入来源单一、收入普遍不高导致精准扶贫难度不小，只有综合大扶贫战略提升农户发展能力才能可持续提高收入，稳步实现精准脱贫。

四 农户认为贫困主要原因是教育等负担重

随着社会贫富分化，农民主观评价贫困的比例高。农民认为贫困主要原因是教育、医疗、养老负担沉重，农业收入低。农户参与政府扶贫项目讨论比例低，导致大部分农户对政府扶贫项目不太知晓，满意度低。农户认为政府扶贫项目除原有的扶持农业外要更多地投向农民支出负担沉重的教育、医疗、养老，帮助农户培训提高技能方面。

不少农户子女接受义务教育需要住校，加大农户教育负担，农户特别是贫困农户接受过技能培训的比例低，农户都认为外出务工其主要障碍就是没有技能，导致就业机会少，工资水平低。

无论是影响收入因素，还是致贫原因，和农民最关心的问题都集中指向教育。根据农户反映，政府要加大农村教育投入力度，提升教育质量。需要继续提高改善农村义务教育的生活、交通补贴，切实减轻农户教育负担，同时对高中和大学阶段贫困学生加大助学金补助力度。还要加大农户职业技能培训力度，改革技能培训财政补贴力度与方式，应鼓励更多社会力量共同参与，通过提高农民技能实现人力资本价值提升。

五 信息公开、民主参与提升扶贫精准度

调查发现贫困村得到扶贫项目与资金均不如非贫困村，说明在扶贫精准度上存在不少偏差。2015年贵州省在精准扶贫上不断探索创新思路取得一定成效，贵州把建档立卡工作作为精准扶贫"一号工程"，在制度实施"33668"扶贫攻坚计划基础上出台《关于坚决打赢扶贫攻坚确保同步全面小康的决定》等配套文件。[①] 精准扶贫必须加大信息公开透明的力度来切实保障，并积极吸纳农户广泛参与讨论。信息公开要保

---

① 《贵州探索精准扶贫新路径》，中央政府门户网站，http://www.gov.cn/xinwen/2016-01/03/content_5030316.htm，2016-01-03。

障所有的扶贫项目、扶贫资金、扶贫对象都是公开透明的，扶贫资金具体用途、明细都能查到，可以通过互联网，传统媒体如报纸、电视等进行公示，并在村级进行相关信息公示。调查发现农户参与扶贫讨论情况不错，要继续引导农户参与，并通过相关培训指导提高参与讨论的建设性。

六 鼓励社会资本参与扶贫，扶贫领域推行 PPP 模式

PPP 模式即公私合作共同提供相关公共品和服务。PPP 模式在我国积极推广，但更多运用于基础设施建设。在扶贫领域积极引进 PPP 模式不仅可以拓宽扶贫资金的来源，更重要的是通过社会资本引入，改变扶贫系统封闭运行状态，更好地提高扶贫管理绩效。万达集团在贵州丹寨县整体扶贫案例说明 PPP 模式在扶贫领域具有相当可操作性和广大发展前景。当前应出台更多优惠措施鼓励社会资本参与扶贫，并通过完善法规明确扶贫中政府和社会资本各自职责及利益、风险共享机制。

七 发展壮大专业合作社

调查发现贵州农村目前极度缺乏专业合作社，农户参与率极低。农户单打独斗，势单力薄格局必须改变，只有通过农户互助、专业合作实现规模经济，才能提高整体抵御风险能力和市场议价能力。政府可以通过财政、税收、金融等手段加大农村互助社、专业合作社的扶持力度，通过市场力量引导农民自愿参加专业合作社，更好地发挥互助、合作组织实现农户互助。

八 提高保障标准，发挥救助、社保的兜底保障作用

随着新农合、新农保推进，农村基本社会保障体系初步建成，由于目前保障标准低，还不能真正发挥应有保障作用，为了应对已经到来的农村老龄化问题必须切实提高养老、医疗的保障标准。针对农村低保全省标准差距大等问题，可以通过省级统筹，保障省内各地农村低保标准建立在合理水平上，发挥其对扶贫的基本兜底作用。

总之，想农民之所想，急农民之所急。精准扶贫要求按照每户农户实际需求进行科学精准扶贫。从农民角度进行精准扶贫必须对我国目前

扶贫策略进行大方向的调整，产业化扶贫、生态移民能短期快速实现扶贫绩效，但是只有全面教育培训提升、社保完善覆盖才能让中国广大农户真正融入中国城镇化进程中，长期保障巩固扶贫成果，保障贫困终结。当前扶贫开发除继续产业化扶贫增加农业收入外，更多着力点应拓宽到切实降低农户家庭的教育负担，构建覆盖全面、保障充分的社会保障等方面。只有建立大扶贫综合战略，切实提高农民自我发展能力，才能让中国广大农户真正融入中国城镇化进程中，长期保障巩固扶贫成果，保障2020年全国同步小康的实现。

本章小结

对贵州省三大集中连片地区100余个村庄900余户农民实地走访调查。以贵州省为例通过贫困村与非贫困村、贫困户与非贫困户全方位比较，可以更好、更突出地反映我国贫困地区的农村发展现状和农户发展需求，为更有效地推进贫困村庄、贫困农户的精准扶贫、精准脱贫找准思路和方向。

第五章　机会平等的基本概念及重要性分析

第一节　什么是公平

《论语·季氏》提出"不患寡，而患不均，不患贫，而患不安"。斯坦和香德等提道：秩序、公平和个人自由是法律制度的三个基本价值。[①] 萨托利说过，平等是我们所有理想中最不知足的一个理想。其他种种努力都有可能达到一个饱和点，但是追求平等的历程几乎没有终点。[②] 中外公平问题一直都被人类社会高度关注。罗尔斯（2000）提出，一个社会是否公平，乃是最根本的问题所在。所谓社会公正，就是公民衡量一个社会是否合意的标准。换言之，它是一个国家的公民和平相处的政治底线。姚洋（2010）提出，公正是社会成员对社会分配所采纳的一套评判标准。首先，公正是政治性，是构建一个稳定社会所认可的最基本准则。其次，社会分配不仅包括社会分配的结果，也包括社会分配过程。最后，公正必须是民主讨论和妥协的结果。[③] 由于公平很难度量，存在多种不同公平观，一直以来都是哲学领域争论不休的话题。

[①] 乔万尼·萨托利：《民主新论：当代论争》，上海人民出版社2015年版。
[②] 姚洋：《建立一个中国的社会公正理论》，《三农中国》，http：//www.snzg.cn/article/2010/0928/article_19886.html。
[③] 罗伯特·诺齐克：《无政府、国家与乌托邦》，中国社会科学出版社1991年版。

一 古典自由主义的公平观

把法治定义的正义作为社会评判的唯一标准，即程序正义。其他任何试图对社会分配结果进行评判的企图都是非正义的。古典自由主义的哲学起源是洛克的天赋权利。亚当·斯密将道德分成正义和同情心，正义是支撑社会大厦的栋梁，而同情心只能起到润滑和装饰的作用，正义是令自利行为在看不见的手控制下达到人类最大化福祉所需要的最基本条件。斯密在《国富论》中论证了个人自由选择可以达到社会福利的最大化。哈耶克所认同的正义或公正是对个人的道德约束，而不是对社会结果的评判。哈耶克对社会公正的追求看成法治的衰微，这种倾向发展导致诺齐克的最小国家理论个人权利至上。诺齐克认为个人和个人权利的正当性是先定的道德假设，主张自由优先、个人权利至上的原则贯彻社会和经济利益的分配领域。提出以权利为核心的正义理论，分配正义的三个原则：获取的正义原则，任何人都必须通过其自身的能力和劳动去获取财产；转让的正义原则，任何财产的转让与分配都基于个人的自愿；矫正的正义原则，以正义的方式矫正分配过程中发生的一切损害个人权利的行为和后果。当代经济学家弗里德曼和布坎南将自由选择的意义推向极致。总体来看，古典自由主义者从权利角度理解自由与平等，认为自由是最重要的。

二 功利主义的公平观

评判社会分配的标准只是社会中个人福利总和的大小，一个好的社会分配必然是追求社会福利总和的最大化。功利主义成为19世纪以来对西方政治、经济思想影响最大的一个学说。功利主义认为每个人效用所占权重是相等的，只要有人效用增加，整个社会都是进步的，功利主义有助于推动社会财富长期增长。但是功利主义存在重要缺陷，认为个人效用是可以加总的，但是现实生活中个人效用很难度量。功利主义只看重社会效用最大化，某些人的权利可能被忽视，会出现一部分人将自己利益建立在剥夺另一部分人正当利益的基础上。

三 罗尔斯主义的公平观

罗尔斯《正义论》提出正义的两原则，自由原则首先要保护个人基本权利，如自由表达权、迁徙权、政治参与权等。① 然后提出差异原则，社会分配在个体间的差异以不损害社会中境况最差的人的利益为原则，即著名的最小者最大原则，也被称为罗尔斯主义。罗尔斯在《作为公平的正义：正义新论》对正义第二原则进行重新表述，社会和经济的平等应满足两个条件：所从属的公职和职位在公平的机会平等条件下对所有人开放，符合最不利成员的最大利益。罗尔斯认为第一正义原则优于第二正义原则，第二正义原则中公平的机会平等原则优于差别原则。即自由和权利优于机会，机会优于收入和财富。罗尔斯将社会最底层的利益放在首位，可以增进社会的稳定，保障民主社会的存在。

罗尔斯认为国家只需要通过物质帮助底层人民，阿玛蒂亚·森（1981）则比罗尔斯更进一步，认为只是物质帮助意义不大，要切实增强底层人民的能力。吉登斯（2005）认为，福利社会问题是很多福利没有发挥应有作用。福利的目的不是救助穷人，而是增强自身能力，森和吉登斯都把人的发展作为社会发展目标。

四 平均主义的公平观

平均主义顾名思义就是追求最后分配结果公平。作为最具道德感召力的公正理论，影响深远。平均主义，不仅追求收入完全平等，还包括权利、财产、教育等各方面的均等化。平均主义看到分配不公、贫富差距过大会导致社会动荡，而且适当的平均分配对社会发展是有益的，也是人类感情所必需的。但是由于人天生禀赋不一样，后天努力程度不一样，只追求最后分配结果公平，会损害个人发挥能力的积极性导致更大不公平，对整个社会来说都是有害的。

德沃金（2003）认为，平等的关切是政治社会的至上美德。人与人之间平等是人类永恒主题，要实现促进社会发展，保障所有个人权利的公平正义更是不容易。阿玛蒂亚·森认为"什么的平等"成为当代

---

① 约翰·罗尔斯：《正义论》（修订版），中国社会科学出版社2009年。

平等主义争论的焦点。由于人天生禀赋不同，个体间差异必然存在。尊重差异，保障个体权利公平自由基础，让社会中处于底层的人们生活能够有基本保障，摆脱贫困，是保障社会公正的基本前提和必然要求。关注弱势群体的机会平等具有重大社会价值，是对社会公平理论的深化和发展。

第二节 什么是机会平等

米尔顿·弗里德曼（1982）认为，平等越来越多地被解释为机会均等，即每个人应该凭借自己的能力追求自己的目标，谁也不应受到专制障碍的阻挠。吉登斯（2005）提出新平等主义，要由注重结果平等过渡到注重结果平等的基础上更加注重机会平等。罗默（2002）提出，资本主义不公正不在于剥削而是没有提供平等的机会，正义意味着机会平等。

一 什么是机会

吴忠民指出，社会成员生存与发展的可能性空间与余地，对每个社会成员来说，机会是一种资源。机会平等是社会成员对这种资源分享的平等性。[①] 王春光认为，机会是一种接触和获得资源的可能性，其本身并不是资源。机会平等是指所有社会成员在获得资源的可能性是平等的、相同的，不应有人为的限制和区别。把机会划分为基本生存机会、中层机会和高层机会，提出城乡一体化的本质就是机会平等。[②]

二 什么是机会平等
（一）罗尔斯的机会平等观

罗尔斯在《作为公平的正义：正义新论》对正义第二原则做重新表述，把公平的机会平等加入正义第二原则作为第二正义原则第一部

[①] 吴忠民：《论机会平等》，《江海学刊》2001年第1期。
[②] 王春光：《建构一个新的城乡一体化分析框架：机会平等视角》，《北京工业大学学报》2014年第12期。

分，第二部分是差别原则。对机会平等原则进行具体阐明，假设存在一种自然天赋的分配，那些拥有同等天资和能力并使用这些天赋的同样意愿的人应该有相同的成功前景，无论他们的社会出身是什么，无论他们生来属于什么阶级，以及成年之前的发展程度如何。①

罗尔斯的第二正义原则中的公平机会平等原则和差异原则是有机结合在一起的，公平的机会平等使天赋相同的人有相同的生活前景，而差异原则保障天赋不同的人（优势者和劣势者）在财富和收入分配上都能够得到正义的安顿。② 罗尔斯认为：平等的自由原则优先于公平的机会平等原则，公平的机会平等原则又优先于差别原则。公平的机会平等原则具有承上启下的作用，平等的自由原则要求人在基本自由方面是平等的，但是事实上由于贫困、无知等原因很多人不能充分实现所拥有的权利和机会。所以通过公平的机会平等排除由于社会偶然因素导致的不平等分配。公平的机会平等也给差别原则奠定基础，只有在公平的机会平等实现后实施差别原则才具有正义价值。在公平的机会平等实施后社会偶然因素排除，但是人们依然会由于自然因素天生禀赋不同，分配存在不公平，这时通过差别原则实现最小值最大化，可以实现社会正义。

罗尔斯在《作为公平的正义：正义新论》中提出，实体正义、分配正义及程序正义的概念与正义原则相呼应。杨耐认为，罗尔斯平等的自由原则对应实体正义，公平的机会平等原则对应纯粹程序正义，差异原则对应分配正义。③ 纯粹程序正义是实现公平的机会平等原则的保证。而公平的机会平等是纯粹程序正义的价值目标。公平的机会平等原则是构建基本社会结构的一个关键点，而纯粹程序正义是在方式方法上构建社会合作体系的一个核心步骤，两者都是构建公平正义社会基本结构的关键。

（二）德沃金的机会平等观

罗纳德·德沃金认为，机会平等是需要资源和社会条件的保障，平

---

① 约翰·罗尔斯：《作为公平的正义：正义新论》，姚大志译，上海三联书店2002年版。
② 吕永祥：《罗尔斯公平的机会平等原则初探》，《学理论》2014年第6期。
③ 杨耐：《试论罗尔斯公平的机会平等和纯粹的程序正义》，《理论观察》2011年第3期。

等的关切需要政府致力于某种形式的物质平等，即资源平等。资源平等就是在个人私有的任何资源方面的平等。① 资源分为人格资源和非人格资源。机会平等意味着以机会为代表的公共资源的分配可以向所有符合条件的人开放，使自然禀赋和社会禀赋上的劣势者不会由于明显不正当的理由被排除在外。机会平等作为一种程序正义，为机会资源的分配提供一套公开、明确的规范体系，使人们完全凭借自己的选择和努力决定自己社会地位。

（三）吉登斯的机会平等观

吉登斯提出新平等主义概念，认为新平等主义首先要研究人的本性及提升个人发展机会的能力。② 新平等主义关注通过向上平衡，使世代的生活机会达到平等，本质上首先关注的是拓展人们的各种机会，而不是传统的收入再分配（结果平等）。经济效率必须与公平携手并进，权力必须与责任相结合，强调机会平等，要求对人们的各种机遇和生活机会的平衡进行再分配，使其更有利于在社会等级中地位较低的人们。同时，通过高尚的、普遍的社会标准来缩小贫富差距。在一个有差别的社会中应优先考虑机会的平等。与结果平等相对，机会平等的优势在于考虑了个人的责任，将个人的处境与责任建立起来。一个人处于不利地位，如果是个人责任，则没有理由抱怨，国家也无须帮助，如果他对此没有个人责任，则国家就应该帮助他。③

（四）罗默的机会平等观

罗默认为，现代社会不平等的原因主要在于人力资本的不平等即个人能力不平等，而能力的不平等与不同家庭对孩子教育投入不均等导致的机会不平等密切相关。由于忽视个人责任导致当前平等主义面临理论和现实危机，提出基于机会平等理论基础上的平等主义。④

罗默提出，今日西方民主国家对机会平等存在两种概念：一是社会

---

① 罗纳德·德沃金：《至上的美德：平等的理论与实践》，冯克利译，江苏人民出版社 2003 年版。
② 帕特里克·戴梦德、安东尼·吉登斯：《新平等主义：英国的经济不平等》，余呈先等编译，《马克思主义与现实》2007 年第 4 期。
③ 姚大志：《平等主义的图谱》，《吉林大学社会科学学报》2015 年第 5 期。
④ 约翰·罗默：《社会主义及其未来》，段中桥译，《马克思主义与现实》2002 年第 1 期。

应该力所能及为每一个竞争职位的个人创造公平竞争环境，或者从更一般意义上讲，是社会在个人成长过程中创造公平的竞争环境，这样能让所有具有相应潜能的个人都有资格去竞争某个职位；二是非歧视原则。在社会的职位竞争中，所有符合职位所需的相应才能的个人都应该成为合格的候选人，并且个人是否获得某职位只能根据他是否具有相应的才能判断。① 罗默的机会平等首要含义在于社会给每个成员提供一个"公平竞争环境"以保证他们起点公平，在此基础上社会再以"非歧视原则"为社会成员提供平等公正的机会选择，最后结果是否公平只取决于个人努力程度。罗默的机会平等概念有一个之前和之后问题，在竞争之前机会必须平等，如果存在环境因素引起的不利结果，社会要通过政策进行资源补偿，消除非自愿的不利。竞争之后强调个人责任，个人必须对自己选择负责，平等意味着同等努力程度的人应获得同等回报。②

罗默的平等是根据个人努力程度来决定的，但努力程度是一个比较复杂的概念，如何来衡量努力程度成为难题。罗默提出机会平等的规则，使所有那些努力分布处于相同百分数的个人回报均等化。罗默的社会目标是"最小值最大化"的分配政策，即寻求一个能够在所有类型里使努力分布处于相同百分位数的成员收益水平的最小值的平均值最大化。罗默强调最大化最不利群体的平均收益与罗尔斯差别原则最大化最不利群体的底线收益不同。

罗默将个人责任纳入平等理论，弥补罗尔斯差别原则中个人责任缺失的问题，解答当今福利国家的困境。但罗默对什么是机会平等没有进行实质性解答③。罗默目标就是一个个具体范畴如预期寿命、谋生能力或收入等，但对什么是机会平等没有进行明确界定。认为个人行为由个人无法控制的环境因素和个人可以决定的自主选择因素来共同作用。但是谁来决定环境清单，且行为后果在多大程度上取决于环境因素还是自主选择因素，如何在环境和个人选择之间做好切割等问题没有解答清楚，成为罗默机会平等主义理论的硬伤。

---

① John E. Romer, *Equality of Opportunity*, Harvard University Press, 1998.
② 王志刚、袁久红：《资本主义不公正原因：机会平等与个人责任》，《科学社会主义》2010 年第 1 期。
③ 游琴：《罗默机会平等思想的理论演绎》，《经济与社会发展》2015 年第 2 期。

（五）G. A. 柯亨的机会平等观

柯亨的平等观也被称为社会主义的机会平等，强调由非选择的偶然因素导致实际所得的不平等是不正义的。认为社会有责任应该在社会能力能够达到的方面去为个人创造相应的条件，从而使人们能够竞争其相应的位置。[1] 柯亨认为，平等原则在根本上是一种激进的机会平等的原则。而且在他看来机会上的平等是与结果上的平等相容的。认为促进机会平等不但是一种平等化的政策，更是一种再分配政策。[2]

柯亨认为机会平等有三种形式：第一种是资产阶级的机会平等，消除了由社会造成的地位对生活机会的限制；第二种是左翼自由主义的机会平等，人们的命运由天赋才能和他们的决定所决定，将不会全部由他们的社会背景所制约；第三种是社会主义的机会平等，纠正所有非选择的不利条件。结果差异不是自然和社会能力和权力上的差异，而是在爱好和选择上的差异。

（六）世界银行提出的机会平等观

世界银行提出，因为经济、政治和社会不平等往往存在长期代际的自我复制，因此机会和政治权力不平等对发展带来的负面影响，其伤害性更大，这种现象被称为"不平等陷阱"。公平是指在追求自己所选择的生活方面，个人应享有均等机会，而且最终不应出现极端贫困的结果。[3] 促进公平竞争环境的制度和政策（公平竞争环境指在成为社会上活跃、政治上有影响力和经济上有生产力的角色方面，社会所有成员都享有类似的机会）有益于促进可持续增长和发展。增加公平，可以对总体、长期发展发挥潜在的有利作用，并且为任何社会较贫困群体提供更多的机会。更公平的竞争环境可以缩小学习成绩、健康状况和收入方面的结果不平等，但是政策目标并不在于保证结果公平。公平和效率短期存在取舍，但是公平会促进长期效益。

（七）其他机会平等观

1. 萨托利的机会平等观

萨托利认为，可以通过为那些有着相同能力或才干的人提供相同的

---

[1] 万广宇：《柯亨平等主义思想研究》，博士学位论文，复旦大学，2011年。
[2] G. A. 柯亨：《自我所有、自由和平等》，东方出版社2008年版。
[3] 世界银行：《2006年世界发展报告：公平与发展》，清华大学出版社2006年版。

初始发展机会和资源进行补救，也就是不管人们处于什么阶层、什么地位，获得发展前景所需要的能力及实现能力过程中所需要的机会与资源可以平等。①把机会平等分为：平等的起点、机会实现过程的平等和机会差别的不平等。实现机会平等，市场能力有限，个人或社会团体的能力也是有限的，政府需要承担重要的责任和义务，要为实现机会平等创造条件，这是由政府自身性质和能力决定的。②

2. 阿尼森的机会平等观

阿尼森（Richard Arneson）提出福利机会平等的概念，认为在一群人中要实现福利的机会平等意味着，在它所提供的偏好满足的前景方面，每个人都有一批与任何其他人同等的选择机会。任何影响我们确定偏好结构的因素都应被视为个人责任的事。一种机会分配的标准应该容纳这一点，即最终的结果正好决定于由个体负责的个人选择。

3. 雅各布的机会平等观

莱斯利·A. 雅各布（Lesley A. Jacobs）认为，机会平等应该包括背景公平、程序公平、风险公平三个维度。③雅各布认为罗默机会平等理论是二维的，忽视风险公平。风险公平包括两方面：一是关注一场确定的竞争中风险有多大；二是关注限制一场竞争对另一场竞争的影响。风险公平的第二个方面思想是：在公民社会赢得或失掉一场竞争机会不应影响一个人竞争另一个机会的前景。风险公平可以更好地反映结果的动态性及不可预测性的方式来设想对竞争的规范性调控。三维模式能更好地处理平等主义所关心的公民社会对稀缺资源和利益竞争的规范调控问题。机会平等理论就从仅仅流于形式转而可以应对公民社会中种族、阶层和性别等实质性的不平等。

上述三种机会平等可以说与罗默的机会平等观基本一脉相承，都认可要提供公平的竞争环境，最后分配结果只取决于个人的努力程度。但是三者都关注到罗默没有提到的运气、风险等不可控因素对分配公平的

---

① 乔·萨托利：《民主新论》，冯克利等译，东方出版社1997年版。
② 王莘莘、刘国乐：《论机会平等的实现与政府的公共责任》，《中共杭州市委党校学报》，2010年。
③ 莱斯利·A. 雅各布：《追求平等机会：平等主义的正义理论与实践》，中央编译出版社2013年版。

影响。特别是雅各布增加风险公平提出三维机会平等观，是对罗默的二维机会平等观的极大补充和完善。

三 机会平等的测度

罗默开创性地构建机会平等的经济分析框架，将原来只限于哲学思辨层面的机会平等转化为具有可操作性的政策设计目标。罗默（1998）对机会不平等进行测量，机会平等的政策模型（an equal‐opportunity policy）是一种干预（例如，由国家机构提供资源），使所有这些花费相同努力的人得到相同结果，按照该思想，收入决定式为：

$$y_i = y(c_i, e_i)$$

c 表示环境（circumstance），e 表示努力（effort），y 表示一个人所关注的优势（advantage），如工资、福利、健康等，由个人不可控的环境因素及个人可控的努力因素决定。[1]

罗默认为，当给定一个人的努力水平时，无论该人面对怎样的环境，他所分配到的优势是相等的，一个公正的社会应使那些处境最差人群的优势最大化，即所谓的极大极小原则：

$$\bar{e} \text{ maxmin} y(c, \bar{e})$$

当把社会中各给定努力水平 $\bar{e}$ 下个体进行加总：

$$\max \int \min y(c,e) f(e) de$$

其中，$f(e)$ 表示努力的密度函数。人在所属类型中努力的分位数 π 用来衡量相对努力水平：

$$\text{maxmin} y(c, \bar{e})$$

目前，评价机会不平等方法主要有：随机占优的"是非"判断方法和机会不平等的程度测量。[2] Lefranc 等（2006）将随机占优的方法引入进来，定义机会平等为对于任意的两种背景 $c \neq c'$，$F(./c) \not\succ SSD\text{-}F(./c')$。即如果对任意的一对背景变量下的收入分布 $F(./c)$ 和 $F(./c')$，都不能用二阶占优的方法区分就认为是机会平等。随机占优的方法只能对是或者不是机会平等进行判断，但是无法给出机会不平等的

---

[1] John E. Romer, *Equality of Opportunity*, Harvard University Press, 1998.
[2] 林江、马明德：《机会不平等测量的文献述评》，《财政经济评论》2012 年第 10 期。

程度。

机会不平等指数,通过得到机会不平等的数值,比较不同地区或不同时间段的机会不平等的变动情况。Bourguigonon 等(2003)把机会不平等指数表示为:

$$OI_B^e = 1 - \frac{I(X_B^S)}{I(X^S)}$$

其中,$I(.)$ 为不平等指数。

罗默等开创性地构建机会平等的经济分析框架,将原来只限于哲学思辨层面的机会平等转化为具有可操作性的政策设计目标。并通过实证模型,分别从宏观、微观不同角度测算机会平等情况。宏观方面,Lavador 和 Romer(1998)以 55 个发展中国家的经济增长率为目标,将各国的宏观经济管理水平看成努力变量,通过构建最大最小模型,测算出实现机会平等目标的国家援助分配方案。微观方面,Page 和 Roemer(2001)利用美国居民收入的抽样调查数据,测算了美国税收制度实行机会平等情况。Betts 和 Romer(2006)以美国为例,研究了如何通过政府教育支出再配置来改善工资机会的平等。

四 如何实现机会平等

G. A. 柯亨说过,我们不可能想当然地把平等看作能够自然实现的,而应该积极寻求实现平等的条件和方法。

德沃金(2003)提出,平等的关切是政治社会至上的美德,没有这种美德的政府只能是专制政府。可以通过倾斜保护的方式保障公众在政治、经济等机会上的权利,从而实现实质上的平等。[①] 德沃金对那些力所不能及的先天差异,包括能力上的差异,给予适当的补偿。政府应该实现平等,它是政府具有合法性的唯一标准。第一原则要求政府采用这样的法律和政策,保证政府在它所能做的范围内,公民的命运不受其他条件——经济背景、性别、种族和特殊技能或不利条件的影响。第二原则要求政府在它所做的范围内,努力使其公民的命运同自己的选择密

---

① 罗纳德·德沃金:《至上的美德:平等的理论与实践》,冯克利译,江苏人民出版社 2003 年版。

切相关。德沃金试图超越罗尔斯的平等自由主义和诺齐克的极端自由主义，开辟出自由主义的第三条道路——平等优于自由。[①]

吉登斯（2005）提出机会平等实现新平等主义的十大行动目标：长期鼓励增加就业机会、提供职业发展平台；拓宽终身培训和教育的取得；改变公共部分住宅供应制度；对贫困社区的公共服务能力进行投资；加强对引发贫困和剥夺的深层次因素施加影响的预防性计划的投资；加大解决公共服务使用中不平等的工作力度；改革税制；完善劳动力市场；改革救济制度；解决好财富分配日益不平等问题。

世界银行（2006）认为，机会的质量至关重要，公共行动的中心应该是资产、经济机会和政治发言权的分配，而不是直接干预收入的不平等。通过增加对贫困人群的人力资源投资，以更平等方式提供更多的公共服务、信息和市场，保证所有人的财产权，提高市场的公平性。

机会不平等，特别是制度因素导致的不平等，需要政府进行调节。Bonica 等认为，政治能够成为恢复经济公平的有效工具，政府能够且应当矫正市场产生的这些不平衡，为那些没有竞争能力的人们提供所需，为那些能够成功的人们确保机会，阻止那些富有的阶层过度地占有社会繁荣的份额。[②]

第三节 机会平等与公平的关系

一 本书对机会平等的认识

本书比较认同罗默机会公平的观点，认为所有个人都应该站在平等的竞技场上，拥有平等的发展机会、资源和起点开始进行竞争，竞争中所有人面临的竞争规则都应是透明、公开与平等的，个人拥有发展所需的基本权利和能力应大体相同。不可控的风险、运气等因素对竞争的影响应该是有限的，即使由于不可控因素失掉一场竞争，也不会影响到其

[①] 姚大志：《评德沃金的平等主义》，《吉林大学社会科学学报》2010 年第 9 期。
[②] Bonica, Adam, NcCarty, Keith T. Poole, and Howard Rosenthal, "Why Hasn't Democracy Slowed Rising Inequality?", *Journal of Economic Perspectives*, 2013（3）：103 – 124.

他场竞争的公平开展。发展结果则是完全由个人自由决定,只取决于个人的努力程度。

为了保障机会平等得以实施,政府必须保障所有人都能站在平等的竞技场上拥有相同的发展机会和能力去自由发展。由于人天生禀赋不同,区域间自然、地理、环境等条件差异导致发展机会和起点的不同则必须由政府去进行弥补,通过政策倾斜等保障相对弱势群体和地区也能站在平等的起跑线上。同时政府不仅要把所有人拉到同一起跑线上,还要保障所有人拥有发展所需的基本能力和权利大体相同。如平等的受教育权利、得到完善医疗保障的权利、获取充分信息的权利、自由发言并得以平等传播的权利等。政府必须通过完善公共服务体系保障各项发展权利的平等,才能保证发展能力的均衡。在发展机会、能力都均等的情况下,交给市场和个人自由开展竞争,政府不应再进行干涉,个人应对自己付出的努力负责,分配结果只能取决于个人的分配意愿。

二 机会平等与公平的关系

公平正义是人类社会不同时期、不同社会形态都一直致力追求的目标,是人类社会至上的美德。但对什么是公平,实现公平路径的看法却不尽相同。布坎南说过,"促使经济—政治比赛公正进行的努力在事先给定比事后要重要得多"。说明保证社会经济政治层面公正的实现,事先设立机会平等的规则比事后采取的补救措施更重要,机会平等是现代社会发展的重要原则,是实现社会公平、公正的基础保障。[1] 徐菲菲(2008)提出,机会平等应该是绝大多数发展中国家当前社会实现公正的最优先级。

机会平等是实现公平的重要路径之一,只有发展机会平等才能保证不同人群发展能力均衡,能力的均衡才能保证社会发展结果即使不是最优也能尽可能满足绝大部分人的利益和诉求。机会平等不仅是实现公平的路径,也是一种独立的公平观。机会平等要保证所有人的发展机会、资源和起点是公平的,发展中面临的竞争规则是平等的,发展所需的权利与能力是公平的,最后的竞争结果只与个人的努力付出呈正相关。机

---

[1] 章建敏:《当代中国发展需要推进机会平等》,《江淮论坛》2006 年第 6 期。

会平等本身就是一种重要的公平观，追求公平的竞争的机会和起点，在平等的竞争规则下保证具有均衡的竞争能力，这就是最大的公平，分配结果由个人自由选择并自我负责。机会平等是一种综合的公平观，只有真正落实机会平等，才能更好地推动社会公平、正义的真正实现。而社会公平、正义的实现过程也必然会体现、落实到发展机会、能力的平等方面。机会平等与公平是协调统一的有机体。

第四节 机会平等对扶贫的重要性分析

一 机会平等对扶贫的重要性分析

潘春阳（2011）提出，基本公共品配置不当是导致中国机会不平等的重要原因。基本公共品包括基本公共服务（基本教育、公共卫生、基本养老），也包括基本公共设施（住房、道路、环保等与居民生存相关的基础设施等），甚至还应包含基本消费安全（如食品、药品安全）。中国财政分权制度、城市倾向的经济制度和当前不完善的市场经济体制是导致中国社会机会不平等的重要制度根源。[①]

机会不平等必然会导致部分人群、部分地区贫困问题突出。王现林（2008）提出，不平等条件下的决策规则促使贫困得到不断累积，这是贫困具有传递性特征的根本原因，由于人们对贫困的边际效用递减特征，中间组织（或政府）在政策方面对贫困累积的调节是有成效的，且是必需的。贫困不可怕，可怕的是不平等条件下贫困的累积，即表现为贫困的传递和扩散，形成典型的贫困"马太效应"。贫困累积的内在机制是初始的权利配置不平等带来不平等的决策规则，以致持续累积的贫困。所以机会平等具有重要的现实意义，机会平等的实现有利于市场经济的完善，有利于民主政治的发展，有利于现代公民意识的培育，有利于中国推动扶贫事业发展。[②]

---

① 潘春阳：《中国的机会不平等与居民幸福感研究》，博士学位论文，复旦大学，2011年。

② 王现林：《持续不平等与贫困的累积》，《内蒙古社会科学》（汉文版）2008年第1期。

中国贫困问题目前主要集中在集中连片特困地区和深度贫困地区。集中连片地区大多地处偏远山区和省际交接处，地质地形条件复杂，自然灾害频发，生存条件恶劣，大部分县属于地质灾害高发区县。同时集中连片地区大多数位于湖库源头、江河上游、重要的生态功能区，生态地位重要，生态环境脆弱，许多县属于全国主体功能区域规划中的限制开发区县或禁止开发区县，资源开发与环境保护矛盾突出。深度贫困地区是全国经济社会发展最为滞后地区，是区域发展最为薄弱的地区。这些地区产业结构普遍单一、自我发展能力薄弱。贫困地区基础设施和社会事业严重滞后，行路难、饮水难、住房难、就业难、上学难、增收难、社会保障水平低等问题突出。[①]

集中连片地区和深度贫困地区由于自然、地理条件等先天不足，本身没法站在平等的竞技场上。而中国长期城乡二元发展结构，人为导致农村特别是深度贫困地区本应平等享受的公共品和公共服务都极度匮乏。长期以来政府财政投入严重不足，导致贫困地区基础设施、社会事业发展严重滞后，农村社会保障体系极不完善，城乡间和地区间教育发展非常不均衡。制度等因素使贫困地区和贫困农民发展的机会、权利没有得到根本保障，自我发展能力极度匮乏，面临严重机会不平等问题。

当今中国贫困问题的实质就是发展机会不平等。只有真正实现机会平等，让所有人群、所有地区都能站在平等的竞技场上，拥有平等的竞争机会、发展权利及自我发展能力才能真正实现贫困终结。从机会平等角度出发，政府必须进行大力扶贫，保障贫困地区和贫困人群不会由于自身、自然等原因失去平等竞争机会。同时政府必须通过公平的教育、完善的社会保障系统保障所有人都享有平等发展能力和权利。

从机会平等角度来看待扶贫，拓宽了扶贫视角。扶贫是政府刻不容缓的职责，但政府要做的事情应该就是保障贫困地区和贫困人群的发展机会平等。首先政府要通过倾斜性政策重点支持贫困人群和贫困地区发展机会平等，然后扶贫政策的着力点应放在提升能力方面，通过教育、社保公平全覆盖保障所有人都能得到大体相同的发展能力。

---

① 交通运输部：《集中连片特困地区交通建设扶贫规划纲要》，http://zizhan.mot.gov.cn/zhuantizhuanlan/qita/zhongguojiaotongfupin/zhengcejiedu/201308/t20130826_1471784.html。

扶贫工作必须从机会平等角度出发，真正保障发展机会、权利平等，提升发展能力，才能真正提高扶贫绩效，保障扶贫成果的长期有效性，避免返贫发生。而扶贫过程就是真正推动、实现机会平等过程，做好扶贫工作是保障机会平等基础和核心步骤，只有扶贫才能保障所有人都能站到平等的起跑线上进行公平竞争。总之，机会平等与扶贫相辅相成，机会平等可以更好地提高扶贫绩效，而扶贫可以真正保障机会平等的实现。

二 机会平等与精准扶贫关系分析

"六个精准""五个一批"的精准扶贫战略成为当前党和国家扶贫工作的精髓。精准扶贫是我国对开发式扶贫的深化和提升，我国从1986年开始由中央政府主导的开发式扶贫，由于当时贫困面大，以贫困县为对象的区域瞄准政策发挥很大作用，通过区域发展带动扶贫开发。但是，以县为单元由于瞄准精度差，被各方诟病。我国21世纪初开展整村推进，以村为单位提高瞄准精度。但是经过多年扶贫开发依然没有脱贫的农民必须以户为单位根据每个贫困户发展不同需要，有针对性地开展精准扶贫，才能保证精准脱贫。

精准扶贫是实现机会平等的重要推手，只有通过真正到村、到户精准扶贫，才能更好地了解每户贫困户发展能力的平等情况，根据贫困户能力缺失更有针对性开展能力扶贫。机会平等是精准扶贫的根本保障，只有实现贫困农户发展机会的真正平等，才是根本实现精准扶贫和精准脱贫。中国贫困地区普遍地理、自然条件较差，特别是中国多年城乡二元发展结构加剧城乡差异，导致贫困地区、贫困农户自我发展能力异常薄弱，经过多年扶贫开发依然返贫问题突出。机会平等就是要保障最贫困人群能得到更好的扶持，保障所有贫困农户也能与其他人平等地站在市场中通过公平竞争实现个人价值最大化。只有实现机会平等，提升农户自我发展能力，才是真正精准扶贫，才能保证精准脱贫。总之，通过精准扶贫，在促进机会平等中提升贫困农户和贫困地区自我发展能力，是保障中国2020年全面实现小康社会的关键步骤和必经路径。

本章小结

通过对比不同的公平观和不同的机会平等观，对什么是机会平等，机会平等测度方式，如何实现机会公平进行系统文献整理。总结出要实现机会平等就要保证所有人都平等地站在竞技场上，拥有平等的发展机会、资源和起点，竞争中所有人面临的竞争规则都应是透明、公开与平等的，个人拥有发展所需的基本权利和能力应大体相同。机会平等是实现公平的途径之一，也是一种重要的公平观。

贫困的深层根源是机会的不平等。扶贫必须从机会平等入手来真正提高扶贫绩效，而扶贫过程本身就是推动机会平等的过程。精准扶贫作为当前扶贫的基本方略可以更好地推动机会平等的实现，也只有真正机会平等才能满足精准扶贫、精准脱贫的需求。

第六章　税收政策的机会平等性对扶贫的影响分析

第一节　税收对扶贫重要性的理论分析

一　税收的职能作用

税收是政府为满足社会公共需要，凭借政治权力，强制、无偿取得财政收入的一种形式。税收为政府运作提供最基本的财力保障，促进资源有效配置、实现收入再分配、调节宏观经济稳定的重要手段。税收法定原则是税法基本原则的核心，即税收主体的各项权利义务必须由法律加以规定，税法的各类构成要素必须且只能由法律予以明确规定，未经法律许可不能随意调整。税收的法定原则可以有效地约束政府征税行为，更好地切实保障纳税人的权利、义务。税收法定是中国建设法治社会，依法治国的核心。税收的公平原则强调纳税义务必须与纳税人的实际负担能力结合起来，纳税能力相同的税负应相同，纳税能力不同的税负则应不同。税收效率原则要以最小的征税成本征收更多税收。在贫富差距日益扩大的今天，如何让税收发挥收入再分配作用，推动扶贫开发值得深入探讨。

二　税收对机会平等的影响

机会平等的核心是保障所有人都能站在平等的竞技场上按照公平的规则进行竞争，同时由于发展权利平等，保障所有人拥有大体相当的发展能力。税收作为政府重要的宏观调控手段可以在资源配置和收入再分配方面发挥重要作用,推动机会平等的实施。贫困地区、贫困人群由于天生禀赋、自然、地理条件等原因,没有办法靠自己的力量站在平等的竞技场上,必须通过政策扶持、引导资源配置重点向贫困地区和贫困人群倾斜。税收政策可以通过地区优惠、扶持产业优惠、解决贫困人口就业优惠等政策措施来引导资源配置向贫困地区和贫困人群集中投资,保障其有能力站到平等竞技场上进行竞争。

在收入再分配上,税收必须发挥极大作用推动实现公平。由于人的禀赋和努力程度不同,市场初次分配结果必然是贫困差距日益扩大。机会平等虽然不追求最后分配结果的公平,但由于目前中国税制不完善导致个人所得税沦为工资、薪金所得税,广大的工薪阶层成为纳税主体,而富人的大量财税性收入、资产性收益却因为我国财产税、资本利得税等缺失可以堂而皇之不纳税,这本身就是极大不公平。而且我国以流转税为主体税种,商品课税属于间接税,具有累退性,同样比例的商品课税对穷人来说税负反而更重。可以说目前中国税制结构不仅没有推动实现公平,反而加剧了"马太效应",富人的税负越轻,穷人的税负反而更重,这本身就极大地违背了机会公平的初衷,让穷人和富人根本不可能站到平等的竞技场上。所以必须通过完善的税制结构,实现对富人财产、资产收益合理正当收税,提高直接税比重等来扭转税制在实现机会公平中的扭曲作用。

三 税收在推动精准扶贫方面的作用

税收在推动当前的西部精准扶贫中,迫切需要充分发挥好税收筹集财政资金和调控经济两方面的职能。一方面,为了更好地做好精准扶贫需要大量的财政投入,只有稳定增长的税收收入才能保证精准扶贫所需的财政资金,才能更高效地保证政府各项精准扶贫工作的顺利推进,为2020年贫困人口和贫困地区的全面退出打好坚实的资金保障。

另一方面,精准扶贫开发需要通过特色扶贫产业的发展、连片特困区域的发展等来推动,西部贫困地区的产业结构调整优化、特色扶贫产业发展壮大,集中连片地区的全方位发展都需要税收从政策上给予全方位的扶持和引导。税收在西部扶贫开发中要充分发挥好"输血"和

"造血"两大功能，才能更好地为西部扶贫开发服务。

当然税收是把"双刃剑"，在发挥税收促进扶贫开发的同时也要注意税收不是万能的，要特别注意"放水养鱼"，不能加重企业税负。税收只能是促进精准扶贫的重要工具之一，必须通过税收政策与财政政策、金融政策等配套综合改革才能更好地促进西部扶贫开发。

第二节 税收征收现状和税收优惠政策分析

一 贵州省税收征收现状分析

（一）税收是最重要的财政收入来源，但比重有待提高，收支不平衡问题突出

1. 税收是最重要的财政收入来源

2017 年贵州省税收收入占全部财政收入的 73.09%，是最大收入来源。只有充足的财政收入才能保证政府有足够实力去推动精准扶贫的开展，去完善、健全城乡社会保障体系，构建更加公平、完善的城乡教育体系，去实现公共财政普照农村，才能真正提高贫困地区、贫困人群发展机会，保障其自我发展能力，实现机会公平。所以，税收的稳定增长是保证精准扶贫顺利开展的重要资金保障。

表 6-1　　　　　　2017 年贵州省相关收入决算　　　　单位：亿元

科目名称	金额
一般公共预算支出总计	4612.52
一般公共预算收入合计	1613.84
一、税收收入	1179.73
1. 增值税	417.73
2. 企业所得税	146.67
3. 个人所得税	48.55
4. 城市维护建设税	67.26
5. 房产税	38.61
6. 契税	89.29
7. 城镇土地使用税	37.90

续表

科目名称	金额
8. 耕地占用税	153.10
9. 土地增值税	108.66
10. 资源税	30.77
11. 烟叶税	12.04
12. 车船税	11.84
13. 印花税	17.31
二、非税收入	434.11

资料来源：贵州省财政厅，http://www.gzcz.gov.cn/zwgk/zdgk/tjsj/201801/t20180118_2227262.html。

2. 税收占财政收入比重有待提高

2017年贵州省非税收收入占全部财政收入的26.90%，这个比重远高于全国同期水平（2017年全国非税收入占全国财政收入的16.35%）。税收相对于非税收而言，具有固定性，征收管理更为规范，应该减少非税收入比重，提高税收占财政收入比重，保证贫困地区财政收入稳定增长。

3. 财政收支不平衡，财政自给能力非常弱

2017年贵州省一般公共预算收入才占一般公共预算支出的34.99%，即65.01%的支出必须靠中央政府转移支付才能维持，说明贵州这样的贫困省份财政自给能力非常差。财政收支严重不平衡，转移支付权力又高度集中在中央，且很多专项转移支付不可控因素太多，财政资金严重不足直接拖累贫困地方政府特别是县乡政府的扶贫步伐。导致很多地方政府不得不靠高额负债来维持地方发展，导致地方债务问题突出。

（二）"营改增"后，地方主体税不明晰

根据图6-1数据发现，贵州省当前税收收入中最大的税种是增值税，占全部税收收入的35.41%，排第二位的是耕地占用税，占全部税收收入的12.98%，第三位是企业所得税，占全部税收收入的12.43%。前三位的税种中，增值税和企业所得税都是中央和地方共享税。耕地占用税属于地方税。

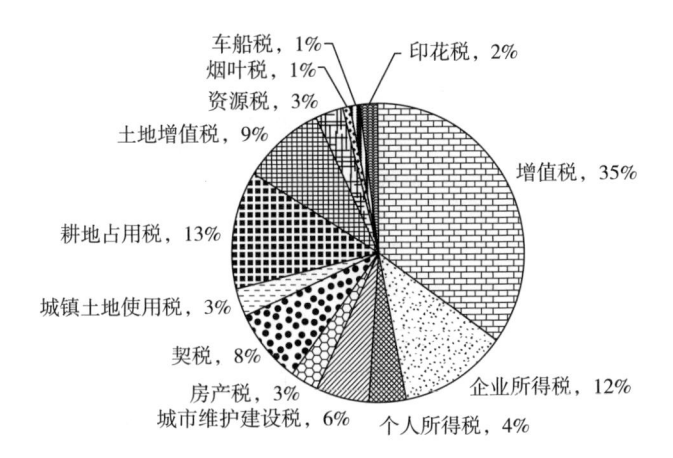

第六章 税收政策的机会平等性对扶贫的影响分析 | 129

图 6-1 贵州省 2017 年税种比重

车船税, 1%；印花税, 2%；烟叶税, 1%；资源税, 3%；土地增值税, 9%；耕地占用税, 13%；城镇土地使用税, 3%；契税, 8%；房产税, 3%；城市维护建设税, 6%；个人所得税, 4%；企业所得税, 12%；增值税, 35%

自 2016 年 5 月 1 日起，随着"营改增"全面推进，营业税退出历史的舞台，但是如何合理划分中央和地方收入，保障地方发展的充足财力，如何构建地方税收体系，成为一个亟待解决的难题。2016 年，国务院发布《全面推开营改增试点后调整中央与地方增值税收入划分过渡方案》（国发〔2016〕26 号），暂时规定，"营改增"后增值税实行中央和地方各分享 50% 的规定。原来营业税都归地方所有，老的增值税地方分享 25%。按照最新的过渡方案看，"营改增"后地方财政收入还是会受不少影响。

与土地相关的耕地占用税和土地增值税、城镇土地使用税加总起来占地方税收比重不低，未来构建地方主体税种上如何对不动产和现有土地税进行合并征税，确保地方稳定税源值得思考。

（三）地方税负总体不高，但是西部省份内部差异较大

表 6-2　　　　　西部省份地方税负比较　　　　单位:%

省份	2014 年		2017 年	
	地方税收收入/GDP	一般公共预算收入/GDP	地方税收收入/GDP	一般公共预算收入/GDP
云南	9.92	12.49	7.46	11.41
贵州	9.09	13.56	8.71	11.92

续表

省份	2014年 地方税收收入/GDP	2014年 一般公共预算收入/GDP	2017年 地方税收收入/GDP	2017年 一般公共预算收入/GDP
新疆	8.98	10.90	8.65	13.42
重庆	8.80	14.87	7.57	11.55
宁夏	8.43	10.46		12.09
西藏	7.56	9.04		14.18
陕西	7.46	11.99	6.78	9.16
四川	7.31	9.72	6.57	9.68
青海	7.17	9.09	6.96	9.31
内蒙古	6.86	9.45	7.96	10.58
甘肃	5.66	8.97	7.13	10.62
广西	5.50	8.09	5.19	7.92

资料来源：根据《中国统计年鉴》和各省财政预算报告等进行计算。

税收是把"双刃剑"，具有两面性：一方面税收是西部扶贫开发有效推进的重要资金保障；另一方面税收会对企业生产、投资带来影响。如果税负重，会加大企业负担，不利于企业生产发展，反而拖累经济，不利于扶贫开发的推进。

西部内部各省从小口径的税收/GDP和大口径的一般公共预算收入/GDP两个角度分别比较来研究税负差异。从小口径的税收/GDP来看，表6-2只反映地方税收占GDP的比重，由于不含中央税收，是远小于总体税负。但就同类的地方税负数据看，2014年云南、贵州税负最高的地方税负都超过9%。甘肃、广西税负是最轻的，在6%以下。西部内部税负差距大，最高的与最低的税负差距4.42个百分点，非常惊人。西部内部税负差距大，可能跟各省的税源结构有很大关系，如云南、贵州税负高的主要原因是两省的经济高度依赖烟、酒行业，烟、酒行业税负重，导致两省税负西部最高。从2017年随着我国一系列的结构性减税政策落实，特别是2016年"营改增"全面实现，西部各省的地方税负普遍比2014年下降。但是内蒙古和甘肃两省的税负不降反增，值得深入研究。2017年西部各省税负比较看，贵州和新疆是地方税负最高的两个省份，广西是税负最低的省份。税负下降幅度最大的省份是云南，下降了25%。

不论是税收还是非税收收入，都会由于政府征收对企业、个人造成实际负担。再从大口径一般公共预算收入/GDP来看，2014年重庆的大口径税负最高14.87%，第二位的是贵州13.56%，第三位的是云南12.49%。最低的是甘肃和广西，都在9%以下，陕西小口径排名第7位，大口径排名提高到第4位。大口径税负排名跟小口径的排名不一，说明如重庆、贵州、陕西等地非税收入比重大，非税收负担重，造成大口径税负不低。从2017年大口径税负看，税负最高的是西藏，然后是新疆和宁夏。税负最低的是广西。从2014年和2017年大口径税负比较看，各省情况不一、有升有降，大口径税负上升的省份有新疆、宁夏、西藏、青海、甘肃。大口径税负下降的有云南、贵州、重庆、陕西、广西。

西部税负情况可以部分说明西部扶贫发展的营商环境，只有真正降低税负才能更好地创造良好的营商环境，促进西部发展，才能更好地推动西部扶贫开发。在全国统一的结构性减税政策下，通过表6-2西部省份税负情况比较会发现，西部各省的税负水平不一，特别在实施减税政策后出现大口径税负水平有升有降，大口径税负水平差距非常大等问题，说明税收如何促进地区均衡发展实现公平，促进资源合理配置，引导产业结构升级换代等方面值得深入探讨。

二 促进精准扶贫的现行税收优惠政策分析

（一）两轮西部大开发税收优惠政策

税收优惠政策体现国家的政策导向、区域发展重点和产业发展目标。目前对西部扶贫开发没有出台专门的税收优惠政策，但是前后出台了两轮促进西部大开发的税收优惠政策，有力地激发了西部后发赶超的态势。

1. 第一轮西部大开发出台的相关税收优惠政策

2001年9月，国务院办公厅转发了《国务院西部开发办关于西部大开发若干政策措施实施意见的通知》（国发〔2000〕33号），从五个方面对西部大开发税收优惠政策进行阐述。对设在西部地区国家鼓励类的内资企业和外商投资企业，在 2001—2010 年，减按 15% 税率征收企业所得税。对西部地区新办交通、电力、税率、邮政、广播电视企业，实现"两免三减半"税收优惠。对保护生态环境、退耕还林、还草的农业特产收入，自取得收入年份起 10 年免征农业特产税。西部地区公路国道、省道建设用地，免征耕地占用税。西部地区鼓励类产业、外商投资鼓励类产业的项目在投资总额内进口自用设备，免征关税和进口环节增值税。

为了保证西部大开发税收优惠政策落到实处，2001 年 12 月，财政部、国家税务总局、海关总署联合发布了《关于西部大开发税收优惠政策问题的通知》（财税〔2001〕202 号），进一步明确了国家对西部大开发税收优惠政策的适用范围和具体内容。2002 年 5 月，财政部、国家税务总局又联合发布了《关于落实西部大开发有关税收政策具体实施意见的通知》（国税发〔2002〕47 号）。2006 年调整更新享受西部大开发税收优惠政策的国家鼓励类产业、产品和技术目录。2007 年 1 月 1 日起将西部地方旅游景点和景区经营纳入西部大开发税收优惠范围。2008 年 1 月 1 日起《中华人民共和国企业所得税法》实施后，在取消大部分区域税收优惠政策的同时，为支持西部发展，明确规定西部大开发的企业所得税优惠政策可以继续执行，规定实现汇总（合并）纳税企业，应当将西部地区的成员企业与西部地区以外的成员企业分开，分别汇总（合并）申报纳税，分别适用税率。2009 年 1 月 1 日增值税转型改革，对进口自有设备恢复征收进口环节增值税，但继续免征关税。

2. 第二轮西部大开发出台的相关税收优惠政策

2011 年 8 月，财政部、海关总署、国家税务总局印发《关于深入实施西部大开发战略有关税收政策问题的通知》（财税〔2011〕58 号），为贯彻落实党中央、国务院关于深入实施西部大开发战略的精神，明确了进一步支持西部大开发税收优惠政策。对西部地区内资鼓励类产业、外商投资鼓励类产业及优势产业的项目在投资总额内进口的自用设备，在政策规定范围内免征关税。自 2011 年 1 月 1 日至 2020 年 12 月 31 日，对设在西部地区的鼓励类产业企业减按 15% 税率征收企业所得税。对 2010 年 12 月 31 日前新办的交通、电力、水利、邮政、广播电视五大产业企业可以继续享受企业所得税"两免三减半"优惠到期满为止。

2012年4月，国家税务总局发布《国家税务总局关于深入实施西部大开发战略有关企业所得税问题的公告》（国家税务总局公告2012年第12号），明确自2011年1月1日至2020年12月31日，对设在西部地区以《西部地区鼓励类产业目录》中规定的产业项目为主营业务，且其当年度主营业务收入占企业收入总额70%以上的企业，可减按15%税率缴纳企业所得税。企业即获得西部大开发15%优惠税率条件，又符合《企业所得税法》及其实施条例和国务院规定的各项税收优惠条件的，可以同时享受。涉及定期减免税的减半期间，可以按照企业适用税率计算的应纳税额减半征税。企业应当在年度汇算清缴前向主管税务机关提出书面申请并附送相关资料。第一年须报主管税务机关审核确认，第二年及以后年度实行备案管理。只有在优惠地区设立的总机构或分支机构取得所得可以单独适用15%优惠。

2014年8月，为深入实施西部大开发战略，促进西部地区产业结构调整和特色优势产业发展，经国务院批准，发改委发布了《西部地区鼓励类产业目录》（中华人民共和国国家发展和改革委员会令第15号），自2014年10月1日起施行。目录分两部分：国家现有产业目录中的鼓励类产业和西部地区新增鼓励类产业。该目录原则上适用于在西部地区生产经营的各类企业。西部地区新增鼓励类目录产业按省进行分列。国家税务总局2015年3月出台《关于执行〈西部地区鼓励类产业目录〉有关企业所得税问题的公告》（国家税务总局公告2015年第14号），对设在西部地区以《西部地区鼓励类产业目录》中新增鼓励类产业项目为主营业务，且其当年度主营业务收入占企业收入总额70%以上的企业，自2014年10月1日起，可减按15%税率缴纳企业所得税。

从两轮西部大开发税收优惠政策对比能看出国家对西部开发的重视，税收优惠政策力度大。在第一轮西部大开发政策指引下，西部地区经济发展速度逐年加快，经济结构不断完善，产业结构更趋合理，人民生活水平不断提高。由于2006年我国取消农业税及烟叶以外的农业特产税，中国耕地保护的严峻形势，在第二轮西部大开发中只延续第一轮中对企业所得税和关税的优惠。在现行企业所得税普遍取消优惠政策的大环境下，对西部依然延续鼓励类产业按15%征收企业所得税是对西部产业发展重大支持。

表6-3　　　　两轮西部大开发税收优惠政策基本内容

	2001—2010年第一轮税收优惠	2011—2020年第二轮税收优惠	优惠形式
企业所得税	(1) 对设在西部地区国家鼓励类产业的内、外资投资企业，在2001—2010年，减按15%的税率征收； (2) 经省级政府批准，西部民族自治地方的内资企业可以享受定期减征或免征企业所得税优惠，外商投资企业可以享受减征或免征地方所得税优惠； (3) 对在西部地区新办交通、电力、水利、邮政、广播电视企业，上述项目业务收入占总收入70%以上，内资企业自开始生产经营起，第一年、第二年免征，第三年至第五年减半征收；外商投资企业经营在十年以上的，自获利年度起，第一年、第二年免征，第三年至第五年减半征收	(1) 自2011年1月1日至2020年12月31日，对设在西部地区的鼓励类产业企业减按15%的税率征收企业所得税。鼓励类产业企业是指以《西部地区鼓励类产业目录》中规定的产业项目为主营业务，且其主营业务收入占企业收入总额70%以上的企业； (2) 对西部地区2010年12月31日前新办的、根据相关政策规定享受企业所得税"两免三减半"优惠的交通、电力、水利、邮政、广播电视企业，其享受的企业所得税"两免三减半"优惠可以继续享受到期满为止	直接优惠 税率减免 期限减免
关税	对西部地区内资鼓励类产业、外商投资鼓励类产业及优势产业的项目在投资总额内进口的自用设备，除《国内投资项目不予免税的进口商品目录（2000年修订）》和《外商投资项目不予免税的进口商品目录》所列商品外，免征关税和进口环节增值税	对西部地区内资鼓励类产业、外商投资鼓励类产业及优势产业的项目在投资总额内进口的自用设备，在政策规定范围内免征关税	优惠 直接 免税
农业特产税	对保护生态环境、退耕还林（生态林80%以上）、还草的农业特产收入，自取得收入年份起十年内免征农业特产税		直接优惠 期限减免
耕地占用税	对西部地区公路国道、省道建设用地，比照铁路、民航建设用地免征耕地占用税。西部地区公路国道、省道以外其他公路建设用地是否免征耕地占用税，由省、自治区和直辖市人民政府决定		直接优惠 税收减免

(二) 针对扶贫开发提出的专项税收优惠政策

《中国农村扶贫开发纲要 (2011—2020)》第一次在政策保障中明确提出税收政策。专门提出对贫困地区属于国家鼓励发展的内外资投资项目和中西部地区外商投资优势产业项目，进口国内不能生产的自用设备，以及按照合同随设备进口的技术及配件、备件在规定范围内免征关税。企业用于扶贫事业的捐赠、符合税法规定条件的，可按规定在所得税税前扣除。

扶贫开发纲要提出关税的免征是第二轮西部大开发税收优惠政策已经明确的；关于企业用于扶贫捐赠扣除，现行企业所得税法也对税前扣除做了明确规定。对集中连片特困地区发展纲要提出中央财政扶贫资金新增部分主要用于连片特困地区。加大中央和省级财政对贫困地区的一般性转移支付力度，加大中央集中彩票公益金支持扶贫开发事业的力度。但是没有专门的税收优惠政策，不利于西部贫困地区促进产业结构的优化。

(三) 农民享受的相关税收优惠政策

2006年1月1日，《中华人民共和国农业税条例》废止，中国农民告别缴纳了2600年的"皇粮国税"——农业税。在新中国历史上，这是继土地改革、联产承包责任制之后的"第三次革命"！

农民自产自销农产品免征增值税。"公司+农户"经营模式销售畜禽免征增值税。对个人、个体户从事种植业、养殖业、饲养业和捕捞业，取得的"四业"所得，暂不征收个人所得税。"公司+农户"经营模式从事农、林、牧、渔业生产减免企业所得税。

农村居民占用耕地新建住宅，按照当地适用税额减半征收耕地占用税。农村烈士家属、残疾军人、鳏寡孤独以及革命老根据地、少数民族聚居区和边远贫困山区生活困难的农村居民，在规定用地标准以内新建住宅缴纳耕地占用税确有困难的，经所在地乡（镇）人民政府审核，报经县级人民政府批准后，可以免征或者减征耕地占用税。

(四) 农村土地转让享受的相关优惠政策

2016年《财政部 国家税务总局关于全面推开营业税改征增值税试点的通知》（财税〔2016〕36号）附件3营业税改征增值税试点过渡政策的规定，将土地使用权转让给农业生产者用于农业生产，免征增值税。

2017 年《财政部 国家税务总局关于建筑服务等营改增试点政策的通知》(财税〔2017〕58 号)第 4 条规定,纳税人采取转包、出租、互换、转让、入股等方式将承包地流转给农业生产者用于农业生产,免征增值税。

直接用于农、林、牧、渔业生产用地免征城镇土地使用税。农村集体经济组织承受原集体经济组织的土地、房屋权属,免征契税。农村土地、房屋确权登记不征收契税。

(五)新疆地区享受的优惠政策

自 2010 年 1 月 1 日至 2020 年 12 月 31 日止,对在新疆困难地区新办的属于《新疆困难地区重点鼓励发展产业企业所得税优惠目录》范围内的企业,自取得第一笔生产经营收入所属纳税年度起,第一年至第二年免征企业所得税,第三年至第五年减半征收企业所得税。

自 2010 年 1 月 1 日至 2020 年 12 月 31 日止,对在新疆喀什、霍尔果斯两个特殊经济开发区内新办的属于《新疆困难地区重点鼓励发展产业企业所得税优惠目录》的企业,自取得第一笔生产经营收入所属纳税年度起,五年内免征企业所得税。

自 2017 年 1 月 1 日至 2019 年 12 月 31 日,对新疆国际大巴扎物业服务有限公司和新疆国际大巴扎文化旅游产业有限公司从事与新疆国际大巴扎项目有关的"营改增"应税行为取得的收入,免征增值税。

(六)"营改增"结构性减税后相关政策

我国从 2012 年开始"营改增"试点工作,开启中国结构性减税促进经济结构转型发展的大潮。

1. 小微企业税收优惠

自 2018 年 1 月 1 日至 2020 年 12 月 31 日,对月销售额不超过 3 万元(按季纳税 9 万元)的增值税小规模纳税人,免征增值税。

自 2017 年 1 月 1 日至 2019 年 12 月 31 日,对年应纳税所得额低于 50 万元(含 50 万元)的小型微利企业,其所得减按 50% 计入应纳税所得额,按 20% 的税率缴纳企业所得税。

按月纳税的月销售额或营业额不超过 10 万元,以及按季度纳税的季度销售额或营业额不超过 30 万元的缴纳义务人免征教育费附加、地方教育附加、水利建设基金。

对小微企业开展的相关税收优惠可以让贫困地区大量的小微企业，农民自己经营的农家乐、相关涉农产业等税收负担得到大力减轻，有效激发贫困农户、贫困地区的生产发展能力。

2. 农村金融服务税收优惠

自 2017 年 12 月 1 日至 2019 年 12 月 31 日，对金融机构向农户、小型企业、微型企业及个体工商户发放小额贷款取得的利息收入，免征增值税。

农村信用社等金融机构提供金融服务和中国农业银行"三农"金融事业部涉农贷款利息收入可选择简易计税方法按 3% 征收率缴纳增值税。

金融机构与小型微型企业签订借款合同免征印花税。自 2017 年 1 月 1 日至 2019 年 12 月 31 日，对经省级金融管理部门批准成立的小额贷款公司取得的农户小额贷款利息收入，免征增值税。

自 2018 年 1 月 1 日至 2019 年 12 月 31 日，纳税人为农户、小型企业、微型企业及个体工商户借款、发行债券提供融资担保取得的担保费收入，以及为原担保提供再担保取得的再担保费收入，免征增值税。

贫困地区、贫困农户发展很大制约因素就是缺少资金，通过对农村小额信贷等提供金融服务相关企业进行税收优惠可以鼓励更多金融企业加大对贫困户、贫困地区金融扶持力度。

3. 鼓励社会加大扶贫捐赠

在原来规定企业通过公益性社会组织或者县级及以上人民政府及其组成部门和直属机构，用于慈善活动、公益事业的捐赠支出，在年度利润总额 12% 以内的部分，准予在计算应纳税所得额时扣除基础上，从 2017 年起对超过年度利润总额 12% 的部分，准予结转以后三年内在计算应纳税所得额时扣除。

总之，税收是西部扶贫开发顺利开展最重要的收入来源，只有稳定的税收增长才能更好地开展西部扶贫开发。为此，还要继续提高税收在财政收入中的比重，提高西部地方税收分成，改革地方主体税种，发展地方税源。现行地方税负不高，很好促进西部发展，但要注意认真分析西部内部税负大的问题。我国出台两轮西部大开发税收优惠政策促进西部开发进程，但是缺乏专项扶贫税收政策，不能更好地发挥税收在扶贫开发中的指引作用。"营改增"后我国实施一系列结构性减税政策，有效助推农民增收，推动农村产业发展，为精准扶贫打好坚实的政策基础。

第三节　税收促进西部精准扶贫中存在的问题分析

一　所得税优惠为主，方式单一、政策力度不够，体现不出优势

目前支持西部发展的政策主要是两轮西部大开发税收优惠政策。西部大开发的税收优惠政策规定较笼统，全部以直接税为主，主要集中在企业所得税，基本没有涉及流转税，从行业（产业）的角度采用间接政策措施扶持西部的政策较少。目前主要采取降低税率、定期减免税等直接优惠方式，缺乏通过项目加计扣除、出口退税、成本扣除、加速折旧、亏损弥补、投资抵免等间接税收政策来扶持。直接优惠方式只有营利企业才能享受到所得税优惠，而对非营利企业，众多营利能力较弱的中小企业作用不大，导致税收优惠政策的覆盖小。

现行政策对国家鼓励类产业企业规定，其主营收入必须占企业总收入的70%以上才能享受优惠，政策门槛过高，使企业放弃多元化经营战略或对辅业进行控制，不利于企业转变经营方式，优化产业结构。由于税收优惠政策限制条件多，门槛高，覆盖面过窄，影响了税收政策的作用发挥。[1]

二　税源跨地区不合理转移较突出，西部的资源优势难以转化为财政优势

新的企业所得税实行法人所得税制度，对不具有法人资格的机构、场所必须由法人的总机构汇总缴纳企业所得税。在汇总（合并）纳税模式下，许多资源开发企业分支机构或生产经营地处西部，但总部或注册地却大多在东部，现行政策使税源与税收不对等，出现西部地区有税源无税收情况。尽管汇总纳税对企业的影响总体来说是积极的，可以使

---

[1] 肖育才：《西部大开发税收优惠政策评价及未来取向》，《财经科学》2012年第2期。

企业总、分支机构和各营业机构间互抵盈亏，降低企业总体税负。但对于资源丰富、财政能力不足的西部影响很大，西部税收向东部发达地区流动，加剧地区间财力不均衡。而且西部地区不仅没有收到税收，还要承担开发不可再生资源给当地带来的环境污染、资源枯竭、安全事故隐患加剧等问题。现行税源跨地区转移较为突出，给西部地区发展带来极大不公平，不利于西部把资源优势转化为财政优势，促进西部更好、更快地发展。[①]

三 民间投融资税负较重，制约西部发展

西部扶贫开发离不开投资。西部特别是集中连片特困地区发展遇到的最大困难就是缺钱。当前，应积极鼓励民间（个人）投融资实体经济，但是我国个人所得税法规定投资分配的收益（除证券市场投资收益外）按"利息、股息、红利所得"全额征收20%个人所得税，投资收益的高税负直接影响投资者的积极性。降低税负有利于让更多投资者参与西部大开发，特别是西部扶贫开发事业中来。

四 捐赠扣除比例不高影响对贫困地区公益性捐赠

西部扶贫开发除了政府主导外，还需要社会各界共同关注，大力提倡公益性捐赠投入。现行的企业所得税规定企业公益性捐赠最高只能按年度利润的12%扣除；2017年后规定企业超过12%部分可以三年内扣除。个人所得税规定个人公益性捐赠最高只能按应纳税所得额的30%扣除。现行税收政策不利于更多企业、个人积极投身西部扶贫发展的慈善事业。从各个国家的情况看，对慈善捐赠都是积极鼓励，实现全部扣除的免税政策。为了从税收政策上引导、鼓励公益性捐赠，特别是对西部集中连片特困地区的公益性捐赠应提高扣除比例。

五 缺乏专门扶持深度贫困地区发展的税收政策

我国精准扶贫战略已经发生重大调整，将重点向深度贫困地区挺

[①] 马蔡深：《促进西部开发财税政策的效应评价与路径选择》，《税务研究》2010年第2期。

进，通过深度贫困地区的区域发展带动扶贫攻坚。最新的扶贫纲要从财政政策、金融政策等方面对连片特困地区发展进行明确部署，但税收政策只是延续西部大开发税收优惠政策。深度贫困地区作为最为贫困的地区，只依靠自身很难走出贫困困境，必须采用综合扶贫战略，吸引更多企业来关注、投资，共同致力于深度贫困地区发展，通过深度贫困地区扶贫开发真正脱贫致富。目前西部大开发税收优惠政策是针对西部全部的，且力度不够，不足以吸引更多企业到特困地区投资创业。必须抓紧时间根据深度贫困地区的发展特点有针对性地提出专项税收扶贫政策，才能更好地推动深度贫困地区精准扶贫。

第四节　税收促进机会平等推动西部精准扶贫的思路

一　税制改革基本原则

在国家结构性减税方针指引下推进西部稳中求进，用好、用足、用活现有税收政策，积极争取有利于推进西部扶贫的新政策先行先试。通过政策指引有效改善西部发展的机会平等状况，提高西部自我发展能力，充实西部发展的财政实力，有效引导西部产业布局调整，推动西部经济结构转型、增强西部招商引资力度，开拓西部创业、就业途径，缩小西部收入差距。为实现西部与全国同步在2020年进入全面小康社会的计划而不懈努力。

二　改革现有税收分配制度，进一步增强贫困地区财政自给能力

西部如贵州等省属于经济欠发达地区，贫困人口多，地质条件特殊，生态环境脆弱，财政自给能力低。近几年，中央加大了对贵州等西部欠发达省区的财政转移支付力度，但转移支付的增长不稳定，单纯依靠转移支付还不能很好地解决贫困地区财力问题，需要借助税收分配手段，进一步加大贫困地区财政自给能力。我国现有税收分配制度是"一刀切"式的全国统一的分配制度。增值税、所得税、消费税等主要税种基本上是共享税或中央税。贫困地区财力弱，其税收在全国所占比重很小，征收的税还要上缴一部分，如"营改增"后增值税50%归中

央，50%归地方，所得税60%归中央，40%归地方。这样的分税结构不利于贫困地区集中财力搞建设。

国家对西部地区，特别是对贵州省等集中连片贫困地区比重大的省份税收可以不参加分成或进一步提高集中连片地区税收分成比例，将更多的财力留在地方支持经济建设。就省内而言，各市、州贫富差距大，也需要借助税收分配进行调节。省内部对纳入地方税收的税种，不再按不同税种划分不同分成比例。对所有地方税收原则上按一个比例在省、市、县进行分配。对人均税收达不到全省平均水平的地区，省财政不参与该地区税收分成，或提高其分成比例。

三 制定专门针对深度贫困地区的税收优惠政策

现行西部大开发政策以直接税企业所得税优惠为主，力度不够大，覆盖面窄，不能适应深度贫困地区精准扶贫发展需要。为此，制定针对深度贫困地区发展的专项税收优惠政策。

（一）制定深度贫困地区企业所得税优惠政策

（1）对深度贫困地区鼓励类产业减按10%税率征税。降低政策享受门槛，原规定主营收入占总收入比重70%才能享受优惠，改为50%。

（2）对深度贫困地区设立的各类开发区，除房地产开发和单纯资源开采企业以外的非限制类新办企业实行企业所得税"三免五减半"，并在期满后5年内执行15%的优惠税率。

（3）对在深度贫困当期开办企业，吸引贫困农民、生态移民就业，可以在据实扣除工资的基础上，加计扣除职工工资的50%，让企业吸纳更多贫困农民、生态移民就业，加快城镇化、工业化进程。

（4）中央企业和外地企业在深度贫困地区开设分支机构、派出机构不管是否注册为独立分支法人机构，都应视为独立法人，在贫困地区单独按照优惠地区适用税率缴纳企业所得税，并依法实行税收属地管理。

（二）对深度贫困地区的投融资收益给予个人所得税优惠

西部特别是集中连片贫困地区和深度贫困地区发展特别需要大量资金，可以在税收上鼓励企业、个人对贫困地区投资。现行个人所得税法规定，对取得股息、红利所得按照20%征收所得税。可在深度贫困地区试点对个人向国家鼓励发展的产业投融资,取得的股息、红利所得免征或减半征收个人所得税。

(三)制定有利于留住人才、培养人才的税收政策

脱贫致富的关键靠人才,只有真正建立起有利于吸引人才、留住人才和培养人才的机制才能促进西部地区贫困问题的解决。就税收而言,有必要在政策上给予西部地区,特别是对集中连片贫困地区的人才给予倾斜照顾。对到西部贫困地区创业、就业的高层次人才(可以制定办法由县以上人力资源管理部门具体认定),取得的工资、薪金收入实行个人所得税"三免五减半"(或征税后给予财政补助);对用自有知识产权到西部贫困地区参股公司,取得的分红在2020年以前减半征收个人所得税。在贫困地区工作的人员可按规定享受免税特殊津贴,并适当提高其工资、薪金个人所得税扣除标准。

此外,为促进贫困地区人才教育培养,2020年以前,对在深度贫困地区举办的各类教育培训,特别是针对贫困农户转移再培训机构,免征或减征增值税和企业(个人)所得税。

(四)进一步加大财政转移支付力度,增强地方财力

进一步研究完善对西部特别是集中连片贫困地区的财政转移支付机制,通过法定形式稳定实施财政转移支付,进一步加强对东西部地区贫富差距的调控,切实增强西部贫困地区财力,促进其发展。在中央加大对深度贫困地区财政转移支付的同时,明确规范省级内部的财政资金分配机制。通过明晰与各省内部的转移支付机制,促进贫困地区经济社会的持续发展。

本章小结

税收是政府组织财政收入最重要的途径,也是实现机会平等的重要工具。在保障贫困地区站在平等竞技场方面,增强自我发展能力方面,税收必将发挥重大的引领作用。通过对现行税收征收情况和现行税收优惠政策整理,发现我国税收虽然是贫困地区的主要收入来源,但是非税收入比重高,贫困地区总体财政自给能力弱。"营改增"后地方税体系极度不健全、地方税源少。税收政策在推动发展、实现公平方面作用非

常有限。目前主要有两轮促进西部大开发而出台税收优惠政策，但政策主要集中在企业所得税方面，优惠力度小，方式单一，根本不能保障西部特别是西部深度贫困地区通过政策扶持，站到平等的起跑线上实现机会平等，增强自我发展能力。必须继续提高税收在财政收入中的比重，更加明确中央与地方财权、财力及事权划分，树立地方主体税种，发展地方税源，保障地方政府有足够财力开展精准扶贫。必须从根本上进行税制设计，改变中央与地方间财政分配体制，出台针对专项扶贫税收政策，才能更好地保障机会平等实现。

第七章　财政扶贫资金的机会平等性对扶贫的影响分析

第一节　财政扶贫资金对推动机会平等的重要性分析

为贯彻落实《中国农村扶贫开发纲要（2011—2020年）》精神，进一步加强和规范财政专项扶贫资金使用与管理，促进提升资金使用效益，2011年11月，财政部、国家发展改革委、国务院公布《财政专项扶贫资金管理办法》（财农〔2011〕412号），从2012年1月1日起执行。管理办法对什么是财政专项扶贫资金、财政专项扶贫资金使用拨付、管理与监督等进行明确规定。

一　财政扶贫资金的定义及发展

财政专项扶贫资金，是国家财政预算安排用于支持各省（自治区、直辖市）农村贫困地区、少数民族地区、边境地区、国有贫困农场、国有贫困林场、新疆生产建设兵团贫困团场，加快经济社会发展，改善扶贫对象基本生产生活条件，增强其自我发展能力，帮助其提高收入水平，促进消除农村贫困现象的专项资金。

财政专项扶贫资金按使用方向分为发展资金、以工代赈资金、少数民族发展资金、"三西"农业建设专项补助资金、国有贫困农场扶贫资金、国有贫困林场扶贫资金、扶贫贷款贴息资金。

中央财政专项扶贫资金主要投向国家确定的连片特困地区和扶贫开发工作重点县、贫困村，其中新增部分主要用于连片特困地区。中央财政专项扶贫资金分配坚持向西部地区、贫困少数民族地区、贫困边境地区和贫困革命老区倾斜。

早在1977年财政部就通过设立"边境建设事业补助费"对边远地区的生产建设事业进行扶持。1980年财政部建立"支援经济不发达地区发展资金"用于老革命根据地、少数民族地区、边远地区和贫困地区的扶持工作,标志着财政扶贫资金的投入机制正式确立。1982年财政部设立"三西地区农业建设专项资金",用于三西地区开发建设。1984年通过中国人民银行开展财政贴息贷款方式帮助贫困地区发展经济。从1984年开始实施以工代赈计划,以贫困农户劳动换取实物报酬方式,为贫困户提供一定的就业机会,同时帮助改善贫困地区交通等基础设施。1988年财政部设立"预算扶贫资金"以财政周转金的方式促进老、少、边、穷地区的生产发展。1989年设立"少数民族地区温饱基金"扶持少数民族地区生产建设。1999年开始设立退耕还林资金,用于帮助退耕还林地区加大基本粮田建设,推进生态移民等。2006年设立国有贫困林场财政扶贫资金,2008年设立国有贫困农场财政扶贫资金,用于专项扶持贫困农场、林场发展,支持改善生产生活条件,利用当地资源发展生产。

为贯彻落实《中共中央 国务院关于打赢脱贫攻坚战的决定》精神,进一步提高中央财政专项扶贫资金分配与管理的规范化水平,提高资金使用效益,财政部、国务院扶贫办、国家发展改革委、国家民委、农业部、林业局联合修订并从2017年3月31日起实施《中央财政专项扶贫资金管理办法》(财农〔2017〕8号)。明确中央财政扶贫资金是中央财政通过一般公共预算安排支持各省及新疆建设兵团的精准扶贫资金,包括扶贫发展、以工代赈、少数民族发展、"三西"农业建设、国有贫困农场扶贫、国有贫困林场扶贫。扶贫资金要向脱贫攻坚主战场聚焦,按照因素法进行分配。各省应按照国家扶贫开发政策要求,结合当地扶贫开发工作实际情况,围绕培育和壮大贫困地区特色产业、改善小型公益性生产生活设施条件、增强贫困人口自我发展能力和抵御风险能力等方面,因户施策、因地制宜确定中央财政专项扶贫资金使用范围。开展统筹整合使用财政涉农资金试点的贫困县,由县级按照贫困县开展统筹整合使用财政涉农资金试点工作有关文件要求,根据脱贫攻坚需求统筹安排中央财政专项扶贫资金。中央财政专项扶贫资金项目审批权限下放到县级。

国家发展和改革委员会负责管理的以工代赈资金也是中央财政专项扶贫资金的重要组成部分。1984—2016年，中央财政已安排以工代赈资金1100多亿元，支持贫困地区开展基本农田、农田水利、小流域治理、乡村道路等农村中小型公益性基础设施建设，并为参与工程建设的贫困群众发放了大量劳务报酬，有力地带动了贫困群众增收脱贫。《中央财政专项扶贫资金管理办法》的出台，将进一步提高以工代赈资金分配和使用管理的精准化、科学化、规范化水平。[1]

二 财政扶贫资金对推动中国机会平等作出不可磨灭的贡献

财政扶贫资金是政府用于扶贫开发的专项资金，通过专项扶贫资金定向大力投入保障贫困地区和贫困人口发展需要。我国扶贫资金历史悠久、种类众多，从多方面保障扶贫各项事业顺利推进。在充足的财政扶贫资金推动下，中国扶贫事业取得令全世界瞩目的辉煌成绩，解决上亿人口的温饱问题，贫困率大幅度减少，贫困程度极大缓解。

财政扶贫资金为中国机会平等的推进做出不可磨灭的贡献。因为有了充足财政扶贫资金，才保证了上亿贫困人口从原来温饱都成问题的极度贫困状态走上中国特色的康庄发展大道。在专项扶贫资金大力引导、扶持下，中国目前已经基本解决困扰中国发展多年的绝对生存贫困问题。当前中国贫困人口不仅基本生活得以根本保障，而且伴随贫困地区的基础生产、生活设施条件的不断改善，贫困人口的生活日益富足。随着义务教育推广、农村社会保障、社会救助体系建立健全，贫困人口的基本发展权利得到根本保障，自我发展能力不断提升。正是在扶贫政策指引下，通过巨额财政扶贫资金的高效投入，保障中国贫困人口发展机会大体平等，才能让众多贫困人口站到平等的竞技场上，通过政策扶持更多地依靠自我发展能力和自身努力，走向小康生活。没有财政扶贫资金的根本保障，就无法实现中国的机会平等状况持续改进。财政扶贫为

---

[1] 《中央财政专项资金管理办法修订出台 以工代赈资金管理将更加规范》，中国农业信息网，http://www.hljagri.gov.cn/nydt/nydtgn/201704/t20170407_712628.htm。

中国的机会平等打下了坚实的根基,机会平等的实现过程也见证了财政扶贫绩效的不断提升。为了更好地提高中国机会平等情况,就必须继续加大财政扶贫资金投入,提升扶贫的绩效。而扶贫绩效要真正得以提高,也必须从增加机会平等角度出发,通过改善机会平等,增强贫困人口、贫困地区自我发展能力,才可能真正巩固扶贫成效,实现贫困彻底终结。

第二节 财政扶贫资金运行现状分析

一 全国财政扶贫资金投入情况

表7-1 财政扶贫资金投入情况 单位:亿元

扶贫资金项目	2014年	2016年
一、扶贫投资总额	1420.9	2958.6
1. 中央扶贫贴息贷款累计发放额	153.3	556.7
2. 中央财政专项扶贫资金	379.0	627.6
其中:以工代赈资金	40.9	45.2
少数民族发展资金	16.3	25.7
3. 中央专项退耕还林还草工程补助	66.7	107.9
4. 中央拨付的低保资金	263.7	378.0
5. 省级财政安排的扶贫资金	125.2	259.7
6. 国际扶贫资金	3.6	3.2
7. 其他资金	429.5	1025.4

资料来源:《中国农村贫困检测报告(2015)》。

从表7-1可以看出,扶贫资金总额巨大,来源非常广泛。1—4项资金都来自中央,中央财政资金占全部扶贫资金的50%左右,是扶贫绝对主力。随着对扶贫开发高度重视,中央政府还在不断提高财政扶贫资金投入,2016年中央财政专项扶贫资金是2014年的1.66倍,扶贫资金总额是2014年的2.08倍。2018年在政府工作报告中李克强总理提到，五年来，中央投入财政专项扶贫资金高达 2800 万元，贫困人口减少 6800 万人。扶贫资金高效投入带来中国精准扶贫的骄人战绩。扶贫资金数据说明我国扶贫开发是中央政府牵头主导。中央政府主导开发扶贫是符合机会平等原则的，因为贫困地区、贫困省份由于自身条件局限等很难依靠自身力量改变贫困落后状态，中央政府必须从全局通盘考虑，通过整合全国财力来加大保障扶贫推进，使所有贫困地区、贫困人口都能站到平等的竞技场上。表 7-1 对比发现，我国各项扶贫资金都是大幅度提高，特别是贴息贷款发放额增长了 3.6 倍，是增幅最大的，然后是其他资金增长了 2.4 倍。

经过多年的扶贫开发，还有 3000 多万的贫困人口，说明扶贫难度大，必须通过低保救助资金为扶贫开发发挥重要的兜底作用，保障最贫困人群的基本生活。中央拨付的低保资金占中央扶贫资金总额的 25%，通过低保资金可以保障贫困人群最基本生存机会平等，为其他发展机会平等铺平道路。

其他资金占当年扶贫总额的 30% 左右，比重不低。其他资金是除中央政府、省级政府和国际扶贫资金以外的其他途径筹集的，也可以被理解为社会多方参与投入的扶贫资金。我国扶贫资金一直是政府尤其是中央政府主导的，但是政府扶贫力量单薄有限，还必须充分发挥社会各方力量参与才能多渠道筹集更多的资金，提供更多扶贫思路和方法。2016 年其他资金比 2014 年有大幅度提高，说明已经有大量社会资本也积极参与到大扶贫事业中来，当前中国已经形成全社会共同关注参与大扶贫的喜人局面。

二 全国财政扶贫资金投入结构情况

通过图 7-1 展示了最近几年扶贫资金的投向和比重情况。除其他项以外，可以看出财政扶贫资金主要投向易地搬迁、村村通公路、农村中小学建设、农村危房改造，农、林、牧业，农村中小学营养餐计划等方面。特别是 2016 年易地搬迁投入占比大幅度增加，说明财政资金重点投入鼓励贫困地区农民易地搬迁。由于很多贫困地区自然条件有限，为了保障贫困居民发展机会平等，政府出钱鼓励贫困农民搬到居住、生活配套更好的城镇居住，可以更好地实现发展机会均等。

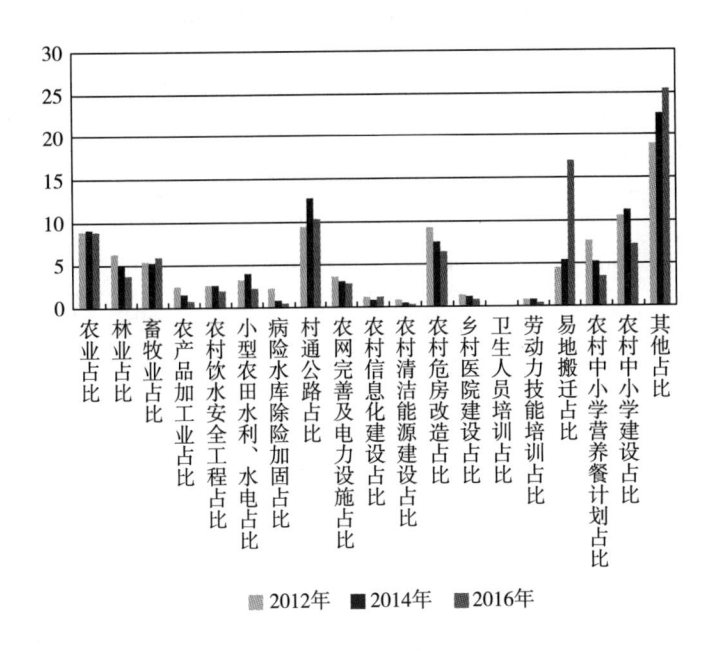

第七章 财政扶贫资金的机会平等性对扶贫的影响分析 | 149

图 7-1 历年扶贫资金投向结构

资料来源:《中国农村贫困检测报告(2015)》。

通过财政扶贫资金各项用途比较归纳看,财政扶贫资金主要用于农村生产、生活设施基础建设和农村教育、医疗条件改善和相关促进农业发展方面。财政扶贫资金投向明确,用途广泛,结构相对合理,从原来较看重产业扶贫开发走向综合保障、大扶贫的道路。财政扶贫资金为贫困地区、贫困人群所需各项发展机会平等提供基本资金保障和方向引导。

三 贵州省财政扶贫资金发展情况

(一)贵州省扶贫资金投入情况分析

贵州省扶贫资金的数据根据扶贫办提供的数据进行整理。由于扶贫贴息贷款资金属于农业银行管理,不在统计之列。中央民族资金专门用于支持民族地区发展的资金,属于大类的财政扶贫专项发展资金的范畴。

表7-2　　　贵州省2003—2012年财政扶贫资金情况　　　单位：万元

年度	中央发展资金	省级财政资金	以工代赈资金	中央民族资金	总计
2003	52530	3000	26500	2400	84430
2004	57060	3000	26500	2450	89010
2005	63548	5000	26500	2850	97898
2006	72062	7000	26500	3150	108712
2007	76597	27000	26500	3450	133547
2008	96374	31200	26500	4450	158524
2009	117385	32550	26500	5350	181785
2010	141125	32925	26500	6010	206560
2011	197598.5	45490	26500	6700	276288.5
2012	254981	62480	56400	16572	390433
合计	1129260.5	249645	294900	53382	

资料来源：根据贵州省扶贫办提供相关数据整理。

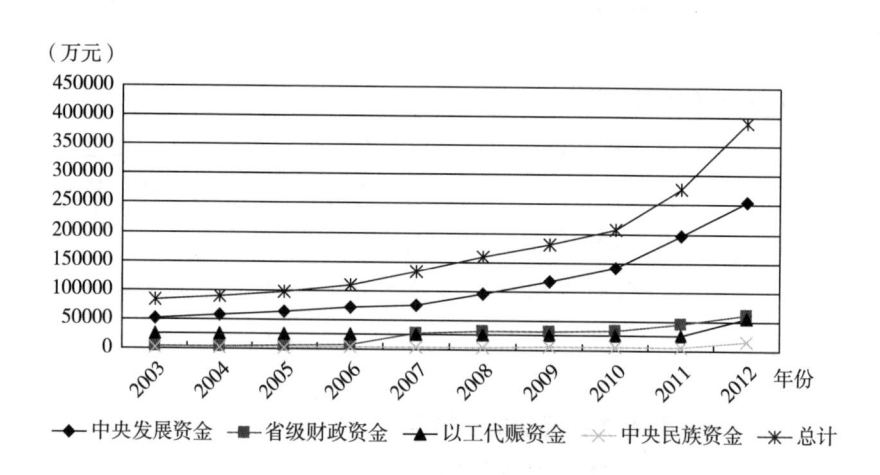

图7-2　贵州省2003—2012年财政扶贫资金趋势

资料来源：根据贵州省扶贫办提供相关数据整理。

贵州省各项扶贫资金都呈现不断增长的趋势。充足的扶贫资金保障贵州各项扶贫工作的顺利开展。其中，中央提供的发展资金是贵州扶贫资金的绝对主力,2003年到2012年增长了3.85倍,2003年中央发展资金占总扶贫资金的62.2%,2012年中央发展资金占总扶贫资金的65.3%,中央发展资金投入稳定。贵州省级财政配套扶贫发展资金前几年规模较少,在2007年后才有大幅度提高,2003年到2012年增长了19.83倍。2003年贵州省财政配套扶贫发展资金占总扶贫资金的3.55%,2012年贵州财政配套扶贫发展资金占总扶贫资金的16%。在贵州省政府高度重视,贵州省财政实力不断增强的前提下,加大扶贫资金投入,保障了贵州扶贫开发事业的顺利开展。以工代赈资金规模一直稳定在每年26500万元,只有2012年才有大幅度提高。中央民族资金规模较小,直到2012年才有大幅度增长。说明在2011年国家扶贫战略调整后,开始加大对贵州扶贫投入。

2014年实施精准扶贫以来,中央继续加大对贵州扶贫资金投入力度,为了保障2020年全面小康打好坚实的资金保障。2016年贵州省投入财政扶贫专项资金117.31亿元。其中中央财政专项发展资金59.84亿元,少数民族发展资金1.84亿元,以工代赈资金2.9亿元,贫困农场资金0.11亿元、贫困林场资金0.24亿元。省级财政专项扶贫资金52.38亿元,比2015年中央和省级财政专项扶贫资金增加39.32亿元。[①] 59.84亿元的财政专项扶贫资金用于种养殖业19.6亿元,用于生态移民7.7亿元,用于"雨露计划"3.3亿元,用于小康路等基础设施6.5亿元,用于示范园0.7亿元,用于集团帮扶1.68亿元,用于壮大村集体经济10.2亿元,用于生产救灾0.8亿元,用于贷款贴息3.3亿元。

2016年贵州省财政扶贫资金主要投向农村种养殖业发展、推动农村集体经济壮大、生态移民的搬迁安置及农村基础设施建设。财政扶贫资金投向明确精准,在财政扶贫资金支持下贵州省精准扶贫事业高效推进。

2018年12月初,贵州省已经提前下达2019年第一批中央财政专项扶贫资金696812万元,其中扶贫发展资金657128万元,少数民族发展资金29708万元,以工代赈资金6100万元,国有农场资金135929.79

---

① 中国扶贫开发年鉴编辑部:《中国扶贫开发年鉴(2017)》,团结出版社2017年版。

万元。① 2019 年是脱贫攻坚最后冲刺期，尽早安排落实扶贫资金才能更好地保障精准脱贫。

（二）贵州省扶贫资金推动产业发展的情况分析

2011 年起，贵州省把调整结构、突出重点、规模发展，推进产业化作为扶贫开发战略性工作。在大绿色扶贫的理念下，确定"东油西薯、南药北茶、中部蔬菜、面上牛羊和核桃"的产业布局，以核桃、草地生态畜牧业、精品水果、蔬菜、油茶、中药材、茶叶、特种养殖、脱毒马铃薯和乡村旅游业作为贵州省十大扶贫产业。贵州将扶贫产业与工业化对接，实施农民与企业捆绑，田间与车间联姻，在特殊困难地区实施产业全覆盖，帮助农民脱贫致富。②

在财政专项扶贫发展资金推动、引导下贵州十大扶贫产业大力发展，进而又推动扶贫开发取得不错成绩。通过表 7 - 3 可以看出，自 2003 年以来，贵州省充分利用好中央发展资金，加上贵州省级财政资金的配套，大力投入贵州省十大扶贫产业。2003—2012 年累计投入十大产业扶贫资金高达 24.32 亿元，实现覆盖农户 225 万户，扶持人口高达 1215 万。在产业化扶贫推动下，特别是在贵州特色重点发展的十大扶贫产业的高速发展下，贵州扶贫开发事业稳固发展。

表 7 - 3　　　　　2003—2012 年贵州省专项促进十大扶贫产业的扶贫资金情况

产业	扶贫资金（万元）③	覆盖农户数	扶持人口数
优质核桃	64912.6	823531	3282607
草地畜牧业	51826	76791	326740
中药材	4349	18899	75453
优质油茶	23742	125295	516285
优质蔬菜	27337	365328	1450844

---

① 《关于提前下达 2019 年第一批中央财政专项扶贫资金》，贵州省扶贫办，http://www.gzfp.gov.cn/xxgk/zdgk/czxx/201812/t20181211_2766135.html。

② 《贵州：扶贫主推十大产业名片　扶贫产业与工业对接》，新华网，http://www.people.com.cn/h/2011/1118/c25408-3089627894.html。

③ 这里的扶贫资金包括中央发展资金、省级财政的总计。

续表

产业	扶贫资金（万元）	覆盖农户数	扶持人口数
精品水果	21780	100663	3821229
优质茶叶	14983	68373	207231
特种养殖	6500	14306	59113
脱毒马铃薯	10860	509581	1812319
乡村旅游业	16904	152214	600918
总计	243193.6	2254981	12152739

资料来源：根据贵州省扶贫办提供数据整理。

总之，贵州扶贫开发离不开财政扶贫资金的大力扶持和引导。在中央发展资金主导下，在贵州省级财政资金积极加大配套的情况下，在以工代赈资金和中央民族资金的辅助下，贵州扶贫开发事业取得长足发展，实现经济、社会全面发展，贫困面大幅度下降，贫困程度得到极大缓解，人民生活特别是贫困农户的生活得到极大改善，尤其是贵州根据自身发展特点，找准推出的十大扶贫产业，产业化扶贫与工业化、农业现代化紧密结合起来，通过专项发展资金推动十大扶贫产业的高速、健康发展，带领贵州扶贫开发走向可持续的科学发展道路。

第三节 扶贫资金提升绩效改善平等方面的分析

一 扶贫资金投入大，但占政府支出比重下降，分配较公平

（一）中央财政扶贫资金投入情况

表7-4通过中央财政扶贫资金纵向比较看，中央扶贫资金投入巨大，增幅明显。2014年中央财政扶贫投入是1986年的20.54倍。在充足的中央财政扶贫资金的保障下，才有中国惊人的扶贫成效。

表7-4 历年来中央财政扶贫资金投入情况① 单位：亿元、%

年份	中央财政扶贫资金	中央财政支出	中央扶贫资金/中央支出
1986	42	836.36	5.02
1990	46	1004.47	4.58
1995	98	1998.39	4.90
2000	248	5519.85	4.49
2002	200.8	6771.70	2.97
2005	193.6	8775.97	2.21
2009	311.8	15989.73	1.95
2014	862.7	22570.07	3.83
2016	1670.2	86804.55	1.92

资料来源：1986—2000年中央财政扶贫资金数据引用：都阳、蔡昉：《中国农村贫困性质的变化与扶贫战略调整》，《中国农村观察》2005年第5期。2002—2016年中央财政扶贫资金数据来自历年《中国农村贫困检测报告》，中央财政支出数据来自历年《中国统计年鉴》。

中央财政扶贫资金绝对量是增长的，但是通过当年中央财政扶贫资金占当年中央财政支出的比重相对量看，却发现政府支出中用于扶贫的比重是不断下降的趋势。1986年的比重最高，在当时中央财政都极度困难的情况下能拿出5%的资金投入扶贫，反映当时政府对扶贫的重视，我国正是在1986年开始进入政府主导规模宏大的扶贫开发历程。中央政府大力投入表明政府向贫困宣战的决心。2000年以前中央财政扶贫资金占财政支出比重都比较高，大约在4.5%，但是随后伴随我国财政支出高速增长，财政扶贫资金的增长速度比不上政府收支的增长速度，导致扶贫资金占财政支出的比重不断下降，2014年的财政扶贫资金占财政支出的比重也才不到4%。随着精准扶贫提出，特别是2020年全面贫困人口、贫困地区退出是需要加大财政扶贫资金力度的，但是2016年中央财政扶贫资金占中央财政支出的比重还在大幅度下降。这可能是由于中央财政规模扩大，即使加大精准扶贫投入，占总资金比重

---

① 这里的中央财政扶贫资金是一个广义扶贫概念，包括中央各种用于扶贫资金，如中央扶贫贴息贷款、中央专项财政扶贫资金、以工代赈资金等共同加总构成，2000年以后把中央专项退耕还林补助也列入扶贫资金，2010年以后把中央拨付的低保资金也列入扶贫资金。

还是下降。

我国现在已经是全球第二大财政体,随着政府财政体量剧增,可能不需要政府投入很高比例就能保障充足的财政扶贫资金需求。但是要在2020年实现现有贫困标准下,所有贫困地区和贫困人群全部退出,建设全面小康社会,时间短、任务重。要解决好贫困这块"短板",实现所有人发展机会平等,没有充足的中央财政扶贫资金保障是不可能实现的。必须继续加大中央财政扶贫投入,并稳步提高财政扶贫资金占财政支出的比重。同时鼓励更多地方财政资金和社会资金投入,共同护航精准扶贫。

(二) 地方财政扶贫资金投入情况

目前贵州省的财政扶贫资金投入总量非常大,且呈逐年上升的趋势,但与农村扶贫的实际需求量相比还相去甚远。从表7-5可以看出,贵州省的财政扶贫资金在贵州省财政支出中所占的比重在下降,从2003年的2.54%下降到2016年的1.23%。财政扶贫资金的年均增长速度为30.3%,而财政支出的年均增长速度高达76.9%,财政支出的增长速度约是财政扶贫资金增长速度的2.5倍。从财政扶贫资金在财政支出的比重和两者的增速比较中可以看出,贵州省的财政扶贫资金的投入存在不足。与中央财政扶贫资金/中央财政支出的比重比较看,贵州省扶贫资金/财政支出比重更低。贵州扶贫资金投入的不足,成为推进农村扶贫发展的重要"瓶颈",使很多扶贫项目搁置,不能从根本上解决农村贫困人口的困难,增加了脱贫的难度。同时,扶贫资金的有限性增加了扶贫资源的稀缺性,容易导致资金被挪用,出现扶贫瞄准偏离的风险。

(三) 中央财政扶贫资金重点向西部倾斜,分配相对比较公平

由于数据收集困难,我们只能以贵州获得的中央财政专项扶贫资金和以工代赈资金占中央同类资金比重来分析中央财政扶贫资金分配的公平性。数据不全,只能部分反映实际运作情况。

通过表7-5可以看出,贵州作为全国贫困问题最突出的省份,得到中央扶贫资金的大力扶持。贵州的贫困人口基本占全国贫困人口的9%左右,2008年贫困标准提高,贵州贫困人口占全国的比重也相应提高到14%。中央扶贫资金分配给贵州的比重基本与贫困人口的比重相

表7-5　　　　　历年来贵州省财政扶贫资金投入情况　　　　单位：万元、%

年份	财政扶贫资金	财政支出	财政扶贫资金/财政支出	贵州财政扶贫资金/中央财政扶贫资金[①]
2003	84430	3323500	2.54	9.71
2004	89010	4184200	2.12	8.95
2005	97898	5207300	1.88	9.87
2006	108712	6106400	1.78	10.66
2007	133547	8243500	1.62	10.77
2008	158524	10553900	1.50	10.43
2009	181785	13722700	1.32	18.81
2010	206560	16314800	1.26	
2011	276288	23896500	1.16	
2012	390433	28893300	1.35	
2016	523800	42616800	1.23	3.14

资料来源：根据贵州省扶贫办资料和历年《贵州统计年鉴》整理而得。

符。2009年前，中央财政扶贫资金基本维持9%比重分配给了贵州，2009年由于贵州贫困率上升，中央分配财政扶贫资金大幅度提高到18.81%。中央扶贫资金对贵州大力扶持，为贵州扶贫攻坚提供了最坚实的保障，贵州扶贫成果离不开中央财政的鼎力支持。虽然由于数据缺乏，最近几年的具体情况不明，但是从中央财政扶贫资金明确重点向西部，向集中连片特困地区倾斜的思路，相信贵州得到中央扶贫资金会稳步提升。通过贵州的数据反映出中央财政扶贫资金分配相对比较公平。财政扶贫资金根据因素法分配，充分根据贫困地区的贫困现状进行综合评价后再进行分配，体现财政扶贫资金分配的科学性。财政扶贫资金充分考虑到连片特困地区发展现实需要，新增资金全部用于连片特困地区，在财政扶贫资金充足保障下，推动了连片特困地区发展的机会公平。财政扶贫资金对贫困人口、贫困地区的倾斜，不仅提高了扶贫绩效，更是为中国机会平等创造了有利条件。

---

① 这里只把贵州来自中央专项扶贫资金和以工代赈资金与中央的专项财政扶贫资金和以工代赈资金进行比较。

二 优化资金的结构推动大扶贫开展，为机会平等搭建平台

通过图7-1展示的近几年扶贫投入结构比重分析，财政扶贫资金主要用于农村生产、生活设施基础建设和农村教育、医疗条件改善和相关促进农业发展方面。财政扶贫资金投向明确，用途广泛，结构相对合理，从原来较看重产业扶贫开发走向综合保障、大扶贫的道路。财政扶贫资金为贫困地区、贫困人群所需各项发展机会平等提供基本资金保障和方向引导，为我国机会公平搭建良好的平台。

扶贫资金投入结构依然存在优化改进的空间。图7-1显示扶贫资金投入最多的是其他项目，其次才是农村中小学建设和村通公路。2016年其他项目所占比重高达22%，而其他项目指向性不明确。为了更好地改善扶贫资金绩效，必须大幅度降低其他项目投入，尽量明确、细化其他项目使用用途，提高财政扶贫资金使用的透明度。村村通电话、互联网覆盖等农村信息化建设、农村沼气等清洁能源建设、劳动力职业技能培训等几项属于扶贫资金投入比重较低的项目。第四章村庄调查显示农村互联网建设极其落后，农户调查反映农户认为贫困、务工困难的重要原因之一就是技能缺失。所以扶贫资金必须加大农村互联网建设和劳动力技能培训的投入力度。扶贫资金中没有反映出为贫困农户健全社会保障体系、社会救济体系进行相关扶贫资金补助。从广义的大扶贫视角，为了更好地保障贫困农户发展机会平等，必须从完善教育公平，健全城乡统筹公平的医疗、养老保险、医疗救助体系等入手。扶贫资金必须继续优化投入结构，从综合大扶贫角度出发，更好地为贫困地区和贫困农户搭建好公平的发展机会平台。

本章小结

财政扶贫资金是政府为了加快贫困地区、边境地区、少数民族地区等经济社会发展，改善贫困地区、贫困人群基本发展机会的公平，完善发展权利，提高自我发展能力，逐步消除农村贫困现象而提供的专项资金。我国财政扶贫资金历史悠久，种类繁多，投入规模巨大。在政府财政扶贫资金高效投入下，才有了我国扶贫开发的辉煌成绩，也为我国机

会平等事业推进做出不可磨灭的贡献。要继续加大扶贫资金投入，稳定提高扶贫资金在政府支出中的比重，才能为扶贫攻坚做好充足的资金保障。我国财政扶贫资金分配向西部贫困地区、集中连片地区倾斜，分配公平。要继续优化扶贫资金结构、扩大扶贫资金使用范围，通过综合大扶贫为机会平等搭建平台，更好地提升扶贫绩效。

第八章 "三化"同步改善机会平等推动扶贫分析

第一节 什么是"三化"同步及其重要性分析

一 什么是"三化"及其相互间的关系

"三化"同步即工业化、城镇化和农业现代化同步协调发展。

工业化（industrialization）通常被定义为工业或第二产业产值在国民生产总值中比重不断上升的过程，以及工业就业人数在总就业人数中比重不断上升的过程。具有经济增长的持续动态变化、结构变革，制度和体制变革，生产力及劳动力素质提高的特征。工业化是现代化进程不可逾越的阶段。[①] 现在我国工业化的发展方向是新型工业化，即坚持以信息化带动工业化、以工业化促进信息化，发展科技含量高、经济效益好、能耗低、污染少，人力资源优势得以充分发挥。

城镇化（urbanization），又称城市化，是指农村人口转化为城镇人口的过程，表现在人口、劳动力向城镇的转移，从第一产业向第二、第三产业转移。目前国际上以一个地区常住于城镇的人口占该地区总人口的比例来反映城镇化水平的高低，即城镇化率。

农业现代化（agricultural modernization）是指从传统农业向现代农

[①] 徐大伟：《"三化"同步发展的内在机制与互动关系研究》，《农业经济问题》2012年第2期。

业转化的过程，在其转变过程中，新的科学技术、农耕设备、现代化的管理模式逐渐被运用，促使农业生产力由落后的传统农业向当代世界先进水平的农业转变。

工业化的发展必然带来劳动力大量转移，必然导致城镇化。城镇化的发展离不开工业的支撑，工业化是城镇发展的推动力。城镇化又为工业化大力发展提供更为便利的条件。工业化和城镇化相辅相成，是现代社会发展的必然趋势。只有农业现代化，提高农业生产力，才能为工业化发展提供基础原材料，为城镇发展提供最基本的生活保障。农业是社会发展基础，没有农业现代化，工业化、城镇化的基础将不牢靠。而农业现代化发展离不开工业化的支持，工业化为农业现代化提供物质基础、发展条件和技术指导，工业化保障农业现代化的实现。农业现代化必然导致农业生产效率提高，导致出现大量农村剩余劳动力，必须走向城镇，实现城镇化。城镇化的发展也为农村转移出来的劳动力提供大量发展空间。所以三者相辅相成，互相促进，只有实现"三化"同步，才能保证中国经济的健康发展，才能加速现代化进程，才能保障小康社会的实现。

党的十八大报告在加快完善社会主义市场经济体制和加快转变经济发展方式上明确提出"坚持走中国特色新型工业化、信息化、城镇化、农业现代化道路，推动信息化和工业化深度融合、工业化和城镇化良性互动、城镇化和农业现代化相互协调，促进工业化、信息化、城镇化、农业现代化同步发展。"在"三化"同步的基础上再加上信息化，组成新时代"四化"。党的十九大报告明确中国进入社会主义新时代，要坚持新的发展理念，推动新型工业化、信息化、城镇化、农业现代化同步发展。

二 "三化"同步对改善机会平等推进精准扶贫的重要性分析

贵州省实施"三化"同步是全面建设小康社会的内在要求，是解决"三农"问题的必然选择，是贵州经济社会发展历史性跨越的客观需要。[①] 贵州是全国贫困情况最突出的省份，而三大集中连片特困地区

---

① 贵州省委政研室：《坚持"三化同步"统筹城乡发展》，《贵州日报》，http://roll.sohu.com/20110226/n303653756.shtml。

又是贵州贫困问题最严重的地区。如何开展集中连片特困地区的扶贫开发，探索新的扶贫思路至关重要。

当前，贵州三大集中连片特困地区普遍存在农业现代化程度低、工业化发展滞后、城镇化进程缓慢等问题。贵州集中连片特困地区普遍面临人均耕地少、耕地质量不高、产量有限等问题。只有大力发展农业现代化，充分利用现代科技才能保障在有限的土地上，最大化地发挥土地效率，提高农业产能，保障更多贫困农民脱贫致富。人少地多是贵州的现状，在提高农业产能的同时，必须使更多的农村剩余劳动力转移到城镇，转移到工业才能真正解决贫困问题。贵州集中连片特困地区由于受自然、地理等条件限制，农业发展空间毕竟有限，经济发展支柱更多要靠工业实现。只有找到适合特困地区工业化道路，才能保障特困地区持续性整体发展。随着农村大量剩余劳动力的转移，必须要走新型城镇化道路，通过改善公共服务体系，让转移出来的劳动力也能享受平等基本公共服务，才能真正在城镇立足下来。所以，"三化"同步是贵州三大集中连片特困地区扶贫开发战略的必然之路，也只有真正实现农业现代化、新型城镇化、新型工业化，才能切实保障并巩固贵州集中连片特困地区扶贫成果，才能向小康社会进发。

实现"三化"同步可以为改善机会平等提供坚实保障。只有真正实现新型工业化、农业现代化才能真正推进城镇化，也只有在城镇化进程中改变过去城乡二元投入结构，实现公共服务城乡一体化才能保证贫困地区和贫困人群真正得到发展机会平等，通过发展权利平等，保障发展能力提高。"三化"同步过程就是改善中国机会平等过程，在机会平等过程中，才有可能真正提高精准扶贫绩效。"三化"同步与精准扶贫互惠互利，从"三化"同步视角出发，可以拓宽扶贫思路提高扶贫效能，而只有精准扶贫才可能保障实现"三化"同步协调发展。

第二节 贵州省"三化"同步情况实证模拟

对贵州省"三化"同步发展情况进行实证分析，工业化指标用 IN-DU 表示，用贵州省工业增加值与全省生产总值的比重来衡量工业化率；城镇化指标用 URBA 表示，用贵州城镇常住人口与年末总人口的比值代表城镇化率;农业现代化指标用 AGMO 表示,用单位耕地面积拥有农机总动力来衡量农业现代化率。

由于统计口径不同,城镇人口有不少出入,所以课题组对人口数据进行相应修正。贵州省 2000 年以后的城镇、乡村人口的划分标准按国家统计局 1999 年发布的《关于统计上划分城乡的规定》计算,城镇常住人口统计范围缩小。以 2000 年数据为基础,对贵州省 1991—1999 年的数据进行修正。原始数据记为 X,处理后的数据为 Y,此十年数据的平均增长率为 1.71%,2000 年的人口推算为:

Y2000 = X1999 × (1 + 1.71%) = 2583.23058 万人

2000 年的范围比率为 a,

a = X2000/Y = 34.71%

Y = a × X

图 8-1 为 1991—2012 年贵州省工业化、城镇化、农业现代化的发展水平。

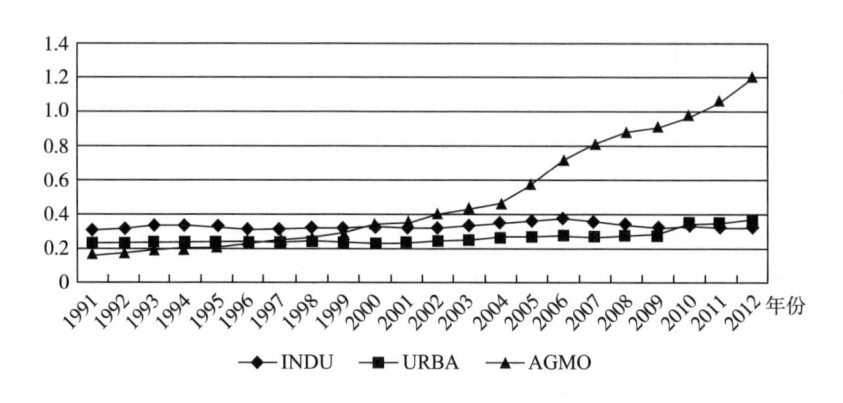

图 8-1 贵州省"三化"发展水平

资料来源:根据历年贵州统计年鉴整理。

由图 8-1 可以看出,从 1991 年到 2012 年,贵州省城镇化水平小幅度稳定上升,贵州省对城镇化的投入成效显著,其城镇化水平由 1991 年的 0.23 稳步上升至 2012 年的 0.36,尤其是 2009 年往后,年均增长达到 9.67%;近 20 年来工业化水平稳定,工业化的年均增长率为 0.35%,近 20 年基本持平;农业现代化的水平增幅较大,年均增速达到10%以上，从"三化"对比看，农业现代化水平变化最快，改进最明显，而工业化的进程进步最不明显。

一 "三化"同步的协调情况模拟

（一）时间序列的平稳检验

协整理论是一种新的建模技术。它从分析时间序列的非平稳性入手，探求非平稳变量间蕴含的长期均衡关系。如果涉及的变量经过一阶差分后是平稳的，且这些变量的某种线性组合是平稳的，则称这些变量之间存在协整关系。格兰杰因果关系检验是检验经济变量间因果关系常用的一种计量经济学方法，其本质是用条件概率来定义因果关系。为消除数据的异方差问题，将宏观经济变量由非线性变为线性，因此对时序数据进行对数化处理，其结果不影响指标的原协整性。本书利用 Eviews 8.0R 软件对贵州省1991—2012年的"三化"同步的协调情况进行平稳性检验，结果如表8-1所示。

表8-1　　　　　　　　平稳性检验

变量	t 统计量	1%临界值	5%临界值	10%临界值	结论
lnINDU	-0.1052	-2.66	-1.95	-1.6	不平稳
lnURBA	-0.6689	-2.66	-1.95	-1.6	不平稳
lnAGMO	-1.4579	-2.66	-1.95	-1.6	不平稳
d（lnINDU）	-2.2163	-2.66	-1.95	-1.6	平稳
d（lnURBA）	-4.3594	-4.38	-3.6	-3.24	平稳
d（lnAGMO）	-13.6179	-4.38	-3.6	-3.24	平稳

表8-1的检验结果表明，原序列在5%的水平下均为不平稳数列，一阶差分后平稳，所以三个变量均为一阶单整变量。

（二）协整检验

Johansen 协整检验的结果如表8-2所示。根据检验结果我们认为三个变量具有两个协整关系，相应的协整向量如下。

由表8-3的结果得出，贵州省工业化、城镇化、农业现代化之间存在长期均衡关系。协整关系式为：

表 8-2　　　　　　　　协整检验的结果

原假设协整方程个数	统计量	10%临界值	5%临界值	1%临界值
None	20.72	19.77	22.00	26.81
At most 1	18.58	13.75	15.67	20.20
At most 2	3.82	7.52	9.24	12.97

表 8-3　　　　　　　　协整关系式向量

变量	ect1	ect2
lnINDU	1.000000e+00	0.00000000
lnURBA	1.446326e−16	1.00000000
lnAGMO	9.586072e−02	−0.09960434
常数项	1.449015e+00	1.26435546

$$\ln INDU = -1.45 \times 10^{-16} \ln URBA - 9.59 \times 10^{-2} \ln AGMO - 1.449 \quad (1)$$
$$\ln URBA = 0.0996 \times \ln AGMO - 1.26 \quad (2)$$

通过实证模拟发现，贵州省工业化发展对城镇化和农业现代化发展影响是负相关的。其中，工业化的变化对农业现代化的负影响要比对城镇化的负影响大；在两个指标变量作用的系统中，城镇化与农业现代化是同向变动的，城镇化率每提高1%，相应的农业现代化率会提高0.1%，说明城镇化能带动农业现代化的发展。

引起以上结果的原因可能有：贵州省支撑工业产业的种类少，产业链大部分延伸到外省，致使对本省的经济、就业带动作用不够；工业化的发展对环境造成了负面影响，尤其是因此而弱化了对农业现代化发展的重视，而工业化本身的发展也是"雷声大、雨点小"，并没有真正发展起来；贵州工业化的发展历史不长，其对城镇化及农业现代化的带动作用需要一个长期的过程才能表现显著。

（三）建立误差修正模型

贵州省的"三化"之间具有长期协整关系。接下来，为进一步研究三个指标间的短期均衡关系，从而建立向量误差修正模型。模型估计结果如下：

$$\Delta \ln INDU_t = -0.171025 \Delta \ln INDU_{t-1} - 0.016603 \Delta \ln URBA_{t-1} +$$

$$0.054828\Delta\ln AGMO_{t-1} - 0.341858\Delta\ln INDU_{t-2} +$$
$$0.244134\Delta\ln URBA_{t-2} + 0.004051\Delta\ln AGMO_{t-2} -$$
$$0.131098ECM1_{t-1} - 1.003734ECM2_{t-2}$$

$$\Delta\ln URBA_t = 0.206242\Delta\ln INDU_{t-1} - 0.361034\Delta\ln URBA_{t-1} -$$
$$0.318805\Delta\ln AGMO_{t-1} - 0.077746\Delta\ln INDU_{t-2} +$$
$$0.012956\Delta\ln URBA_{t-2} - 0.308512\Delta\ln AGMO_{t-2} +$$
$$0.367318ECM1_{t-1} - 0.313890ECM2_{t-2}$$

$$\Delta\ln AGMO_t = 0.110099\Delta\ln INDU_{t-1} + 0.019680\Delta\ln URBA_{t-1} +$$
$$0.097064\Delta\ln AGMO_{t-1} + 0.886155\Delta\ln INDU_{t-2} +$$
$$0.124434\Delta\ln URBA_{t-2} - 0.121557\Delta\ln AGMO_{t-2} +$$
$$0.293487ECM1_{t-1} - 1.032479ECM2_{t-2}$$

误差修正模型反映了各变量间短期的非均衡关系以及各变量与长期均衡偏离值的关系。从上述误差修正模型的结果中我们可以看到各变量之间在短期内相互影响，并且均又恢复到长期均衡的趋势。当期工业化率的变化与其自身的前一期变化存在负相关的关系，与农业现代化率变化的前一期值存在同向变化的关系，对于前一期的长期均衡偏离值来说，工业化率有向长期均衡调整的趋势。城镇化率的变动与自身前一期负相关，农业现代化率变化值与城镇化率前一期的变化值同向变动。

（四）脉冲响应分析

脉冲响应函数可作为系统特性的时域描述，其描述的是 VAR 模型中的一个内生变量的冲击给其他内生变量造成的影响。相应的脉冲响应函数图形如下。

图 8-2 结果显示，当存在一个工业化率的外部冲击后，该冲击对工业化存在负面作用，对城镇化作用不大，对农业现代化存在负面影响。可见，对工业化的刺激，短期内不能见成效，反而影响农业现代化的发展。

图 8-3 结果显示，当存在一个城镇化率的外部冲击后，该冲击对工业化率和农业现代化率存在负面作用，对其自身作用不显著。

图 8-4 结果显示，当存在一个农业现代化率的外部冲击后，该冲击对工业化率及其自身存在一定的正面影响，对城镇化率具有较小的负面影响。

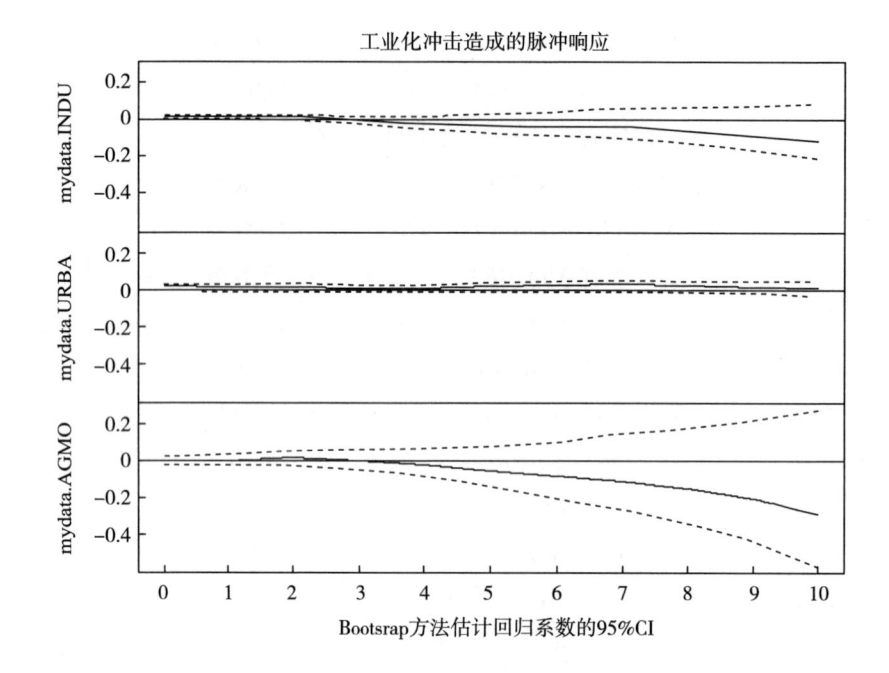

图 8-2　工业化冲击造成的脉冲响应

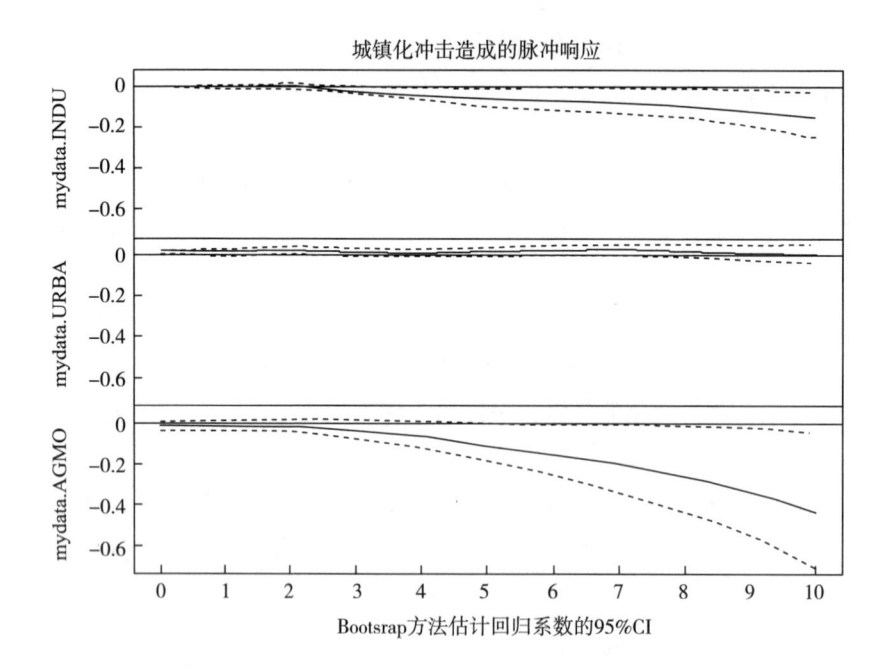

图 8-3　城镇化冲击造成的脉冲响应

农业化冲击造成的脉冲响应

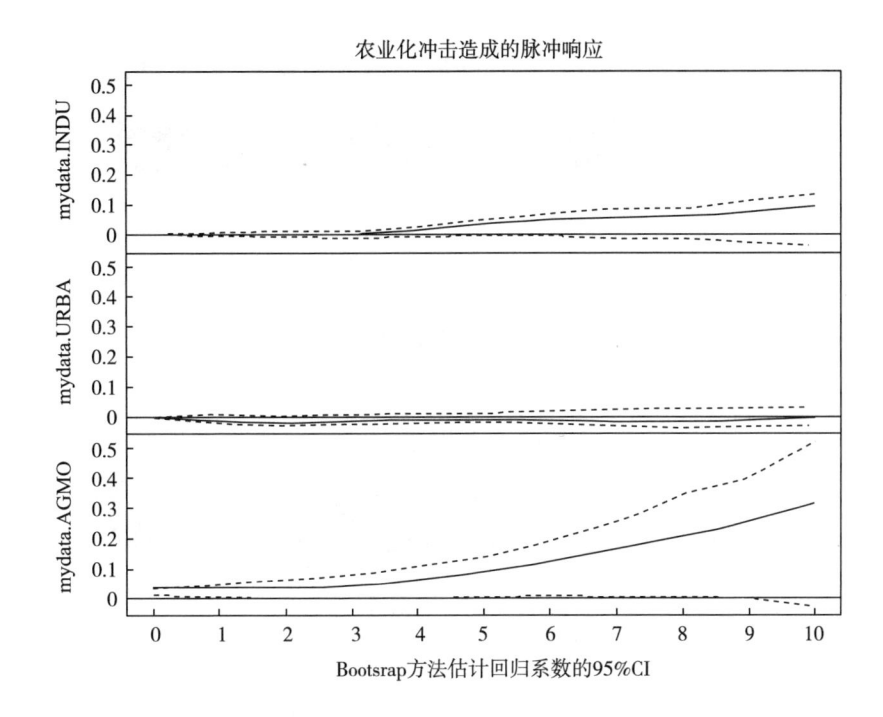

图 8-4 农业现代化冲击造成的脉冲响应

(五) 方差分解

方差分解是从观测变量的方差入手，研究诸多控制变量中哪些变量是对观测变量有显著影响的变量。贵州省城镇化、工业化、农业现代化的方差分解结果如图 8-5、图 8-6 和图 8-7 所示，水平轴为滞后期数，纵轴为"三化"的贡献率。

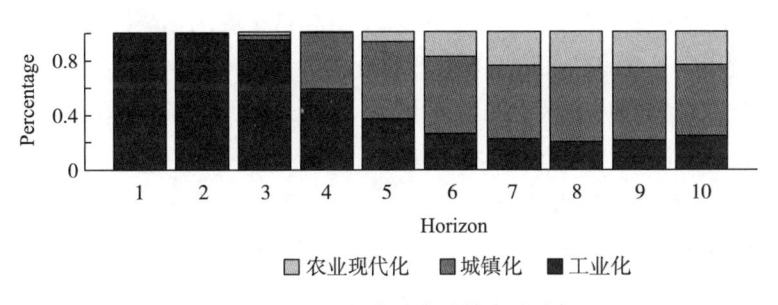

图 8-5 工业化发展水平的方差分解

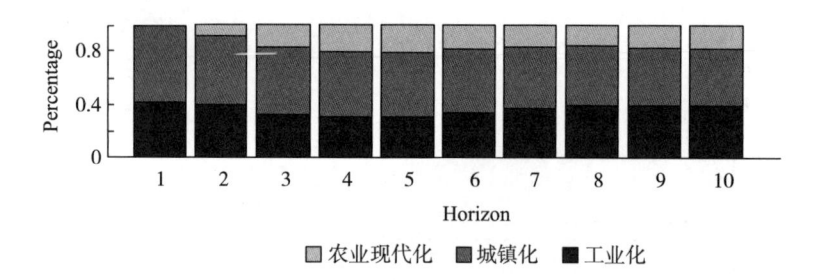

图 8-6　城镇化发展水平的方差分解

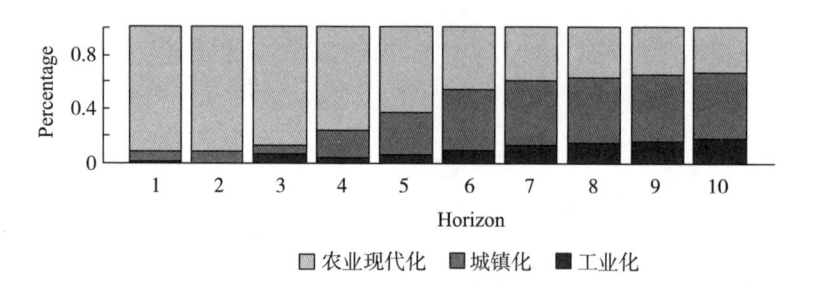

图 8-7　农业现代化发展水平的方差分解

图 8-5 结果显示，对于贵州省工业化率的变化，贡献率最大的是工业化本身，四期以后，城镇化率的贡献占据较大比重，其次是农业现代化率。说明贵州省工业化的积累及基础薄弱，长期就可以显现出来。图 8-6 表明，从第 1 期开始，工业化对城镇化的贡献率为 40% 左右，从第 2 期开始，农业现代化的发展对城镇化的发展产生贡献，但贡献不足 10%，贵州省的城镇化相对稳定，对其自身的发展将会持续产生稳定贡献。从图 8-7 可以看出，城镇化率对农业现代化率的影响总体呈上升趋势，工业化的发展对农业现代化的发展贡献不大，但也一直处于不断上升趋势，从贵州省的现状来看，农业现代化的前期基础不够，而城镇化对农业现代化的推动将会持续。

（六）格兰杰因果检验

格兰杰（Granger）因果检验是用来分析变量之间的因果关系的方法。表 8-4 为格兰杰因果检验结果：

表 8-4　　　　　　　　　　Granger 因果检验结果

原假设	p 值	结论
城镇化率不是工业化率的格兰杰原因	0.9920284	接受原假设
农业现代化率不是工业化率的格兰杰原因	0.3204404	接受原假设
工业化率不是城镇化率的格兰杰原因	0.67895064	接受原假设
农业现代化率不是城镇化率的格兰杰原因	0.10820974	接受原假设
工业化率不是农业现代化率的格兰杰原因	0.06529409	拒绝原假设
城镇化率不是农业现代化率的格兰杰原因	0.15623375	接受原假设

由检验结果显示，工业化率不是城镇化率的格兰杰原因；城镇化率不是工业化率和农业现代化率的格兰杰原因；农业现代化率不是城镇化率和工业化率的格兰杰原因。导致此结果的原因：近年来，贵州省重视工业化的发展，提出工业强省的口号，但是由数据显示工业化的水平并没有显著提升，反而侵蚀了城镇化与农业现代化的发展。另外，贵州省工业化的发展并没有明显地促进就业，贵州人口以外出打工，劳动力跨省转移的居多，因此对城镇化的带动作用较弱，且工业化与农业现代化的关联度较低，所以导致上述结果。

二　实证结论

(一) 总体看，长期以来贵州"三化"是协调发展的，但只是低水平的协调

综上分析，贵州省 1991—2012 年的工业化、城镇化及农业现代化之间存在长期协整关系。工业化、城镇化和农业现代化发展都得到极大改善，"三化"发展促进贵州经济、社会健康发展，对贵州集中连片特困地区扶贫发展起到相当的促进作用。集中连片特困地区普遍工业薄弱，农业还是当地农民主要收入支柱，2004 年以来农业现代化发展迅猛，促进连片特困地区发展，提高贫困农民收入。城镇化水平在不断提高，但增长速度不够高，导致贵州城镇化率远低于全国平均水平。贵州工业化进程一直缓慢，处于低水平平缓发展态势。总的来看，贵州"三化"目前还处于低水平的同步协调发展中。

工业化在反哺城镇化、农业现代化上的效用不显著；工业化与城镇

化对农业现代化的负向冲击较大，农业现代化的外部冲击会对自身及工业化产生正面影响；城镇化对促进工业化及农业现代化的发展贡献明显且稳定；工业化是农业现代化的格兰杰原因。

（二）贵州工业化水平不高，对城镇化和农业现代化的贡献不显著

贵州省工业发展滞后，一直处于较低水平发展阶段，粗放的工业结构、低水平的工业质量，制约贵州经济社会发展。由于贵州工业支撑产业的种类少，产业链大部分延伸到外省，致使对贵州省的经济、就业带动作用不够。贵州工业化科技含量不高，更多的是资源性初加工和矿产资源挖掘，导致环境污染大，对贵州青山绿水自然优势造成极大威胁。在 GDP 的指挥棒指引下，贵州各地为了追求 GDP 高增长，工业化发展一直处于低水平重复竞争阶段，反而弱化了对农业现代化发展的重视，而工业化本身的发展也是"雷声大、雨点小"，并没有真正地发展起来。总的来看，贵州工业化的发展水平不高，对城镇化及农业现代化的带动不显著。目前，贵州工业化对城镇化的促进作用要大些，对农业现代化贡献很小。贵州只有提高工业化的水平，才能更好地推动城镇化和农业现代化的发展。

（三）城镇化对工业化和农业现代化的贡献显著，但贵州城镇化率低，作用有限

伴随贵州城镇化进程推进，大量农村劳动力转移到城镇，农业人均产量在提高，农业生产效率在增加，农业现代化水平得到提高，城镇化发展还对工业化发展提出更高的要求，为工业化发展提供充足的人力资源和更广阔的市场前景。实证发现城镇化对工业化和农业现代化的贡献是显著的，但是目前贵州城镇化低，城镇化推进缓慢，对贵州工业化和农业现代化推动作用非常有限。

（四）贵州农业现代化促进了城镇化但贡献不够，对工业化影响不显著

农业是社会发展根基，农业现代化能提高农业产量，节约劳动力促进劳动力转移到城镇，所以农业现代化对城镇化发展作用是显著的。但是由于贵州农业现代化水平较低，对贵州城镇化发展贡献不够。实证发现贵州农业现代化基本对贵州工业化发展没有太大影响。这可能是贵州自然、地理环境制约导致农业基础薄弱，农业基本处于自给自足状态，

没有大规模的农业产业，农业现代化程度低，贵州农业发展对工业影响非常不显著。

贵州省的工业化发展水平强于城镇化的发展水平，城镇化的水平远远低于全国的平均水平，农业现代化近年来涨势迅速，城镇化对工业化及农业现代化有重要影响。所以贵州省政府需要加大"三化"协调发展的力度，以工业化反哺农业现代化，促进农业产业化发展，以农业现代化促进城镇化，在遵循"三化"间的内在规律的基础上，加强工业化、城镇化及农业现代化的分工及合作。

第三节 "三化"同步下改善机会平等推进扶贫的思路

集中连片特困地区在扶贫资金不断增加的同时，却出现扶贫边际效应不断递减情况，如何从推动"三化"协调的角度推动机会平等，调整扶贫路径提高精准扶贫绩效值得深思。推进"三化"同步进行综合大扶贫开发是集中连片特困地区扶贫开发的必由之路。扶贫路径在机会平等的基础上按照"三化"同步要求进行相应的调整，更好地提高集中连片特困地区扶贫开发的力度。

一 农业现代化方面，扶贫要更多投向农业科技推广和农田基础设施完善

经过多年的大力投入，贵州省三大连片特困地区农业现代化方面已经取得一定成效，成为"三化"中发展增速最快的一项。但是贵州连片特困地区农业基础薄弱，人均耕地少，石漠化问题严重。由于集中连片特困地区多数贫困农民的家庭收入来源还要靠农业收入来支撑，所以必须最大化开发农业，只能通过提高农业科技投入力度来提高农田产量。前几年的干旱凸显贵州多年农田水利等基础设施建设落后等问题，扶贫资金还要加强对集中连片特困地区的农村交通、通信和水利基础设施改善，为农业现代化发展提供必要的基础条件。

二 城镇化方面，扶贫要加强农民技能培训和完善城乡社保体系

农村人多地少，要彻底解决农村贫困问题必然通过大量农村剩余劳

动力转移到城镇转移到工业、服务业来实现。所以劳动力转移培训、技能提高对长远的经济社会转型异常重要。城镇化进程，也需要更多高素质人才。要加大培训投入力度，拓展培训方式，增强培训的实用性。

城镇化要真正实现，必须要有完善的社会保障体系作为兜底。当前我国社会保障体系城乡是分割开的。城镇化过程中，大量农民剩余劳动力进入城镇，不解决好城乡社会保障的统筹问题，就不能给进入城镇的农民提供基本保障。扶贫资金可以为贫困户参加医疗保障和养老保障出资个人部分，保障所有贫困户都能被基本社会保障所覆盖。同时，扶贫资金要加大对农村医疗救助、农村最低生活保障的资助，切实保障贫困户基本生活质量的改善。同时，政府财政资金要逐步增加对城乡社会保障统筹补贴，逐步建立起统筹城乡合一的基本社会保障体系。

三 工业化方面，扶贫要推动特色农产品加工、农业产业园区建立

贵州省三大连片特困地区资源丰富，但是由于大部分农产品只能进行粗加工，产品附加值低。为了改变工业产业单一、产能不高问题，必须根据自身的特点找准工业化的发展方向。贵州根据自身特色确定核桃、草地生态畜牧业、精品水果、蔬菜、油茶、中药材、茶叶、特种养殖、脱毒马铃薯和乡村旅游业十大扶贫产业。十大扶贫产业中如核桃、水果等不仅要大力发展种植，还要发展相关食品加工产业，增加产品的类型种类，不仅有新鲜水果销售，还可以开发水果干、水果罐头等产品，蔬菜可以开发脱水蔬菜等品种。产业园区的建设能形成产品集聚效应，可以在扶贫产业的同时，资助当地农业产业园区的建设，为相关农产品加工产业提供更多的政策和资金支持。贵州中药材和茶叶的品种都非常优秀，但是市场的认可度不高。出现扶贫资金的方式投入可以发挥引导作用，鼓励更多扶贫龙头企业做大、做强，加大推广特色产品的力度。同时，政府在推广、宣传的同时，也要加大贵州特色产品的推广，可以借助新闻平台、自媒体等大力推广贵州特色产品。

长期以来贵州省三大连片特困地区"三化"同步一直处于低水平协调状态。为了更好地提高特困地区的扶贫绩效，必须拓宽扶贫思路，从"三化"同步入手，及时调整扶贫路径。在推动贵州省三大连片特困地区实现高水平"三化"同步同时带动扶贫开发，全面促进贵州省

连片特困地区经济、社会全面发展，实现 2020 年与全国同步进入小康社会目标。

本章小结

新型工业化、农业现代化、城镇化"三化"同步协调发展是我国经济发展的客观要求，也是贫困地区走出贫困陷阱的必由之路。只有真正实现"三化"同步，才能更好地改善中国的机会平等状况，才能为精准扶贫提供坚实的发展基础。通过实证模拟贵州省"三化"同步情况，发现贵州省"三化"水平不高，"三化"同步长期处于低水平协调状态。贫困地区必须以新型工业化反哺农业现代化，促进农业产业化发展，以农业现代化促进城镇化，加强工业化、城镇化及农业现代化的分工及合作。为此，为了提高机会公平性，以促进"三化"同步协调发展为核心，及时调整扶贫路径。精准扶贫与"三化"同步战略有机结合，实现互惠互利，共同发展。

第九章 政策建议与结论

第一节 政策建议

一 增强农民参与，继续提高扶贫瞄准精准度

中国的扶贫开发一直是政府主导，特别是中央政府占绝对优势地位。政府作为扶贫的绝对主力，在政策强力推动和财政扶贫资金充分保障下才有今天中国扶贫取得的辉煌成绩。但是政府主导的扶贫模式，由于政府地位过于强势，农民参与度低，农民的真实需求经常被忽略。政府扶贫中由于信息不对称，信息传递机制不健全，导致政府扶贫过程中会出现"经济人"行为，官员为了提高扶贫政绩，做出一些短视决策，反而影响扶贫长期效果，政府失灵不可避免。调查显示大部分贫困农户对政府当前的扶贫政策知晓度低，扶贫政策满意度不高。出现政府扶贫方向、方式与农户反映的扶贫需求不一致等情况。

扶贫发展的真正主体应该是也只能是农民，符合农民愿望的扶贫措施才能最大效用地发挥农民的主观能动性。2000年世界银行提出对农民赋权、创造机会，增强安全保障来进行扶贫开发。21世纪以来参与式扶贫、合作式扶贫模式在我国部分地区开始试点，以提高农民在扶贫开发中的地位。只有真正尊重农民发展意愿，按农民要求开展扶贫，才能有效地提高扶贫效率。

精准扶贫作为我国最新的扶贫方略，要实现精准扶贫、精准脱贫，必须切实加大农民的参与力度，全面推广参与式扶贫。精准扶贫全程都必须有农户参与，以农户主导为主，在农户监督下，政府按照农户需求进行扶持帮助。

二 推进财税改革促进机会平等，提升精准扶贫绩效

（一）在机会平等的大扶贫格局下，加大财政扶贫投入，调整扶贫投向

要实现贫困地区、贫困农户发展的机会平等，保障他们能够站在平等的竞技场上，就必须通过大量的财政扶贫投入弥补其发展"短板"。发展机会平等是一个综合大扶贫的格局，必须从教育、医疗、养老、信息获取通畅、话语权平等多方面进行建构。必须走出原来狭义扶贫的误区，从广义综合大扶贫的格局出发，加大综合扶贫投入，优化扶贫投向。扶贫应从推动机会平等角度出发，以增强贫困地区、贫困人群的发展能力为核心来考量扶贫资金的绩效。扶贫资金应加大对人力资本的投入，通过教育、培训、医疗、养老等保障贫困人群的自我发展能力不断提升，避免贫困代际循环。贫困地区发展落后是全方位的，仅依靠扶贫资金帮扶肯定不够，在继续加大财政专项扶贫投入，提升扶贫资金占政府支出比重的同时，其他相关促进贫困地区发展的财政涉农资金、教育培训资金、社保资金必须高效整合，更好地发挥财政资金的效用。

（二）改进财税分配体制的公平性，促进贫困地区财政自给能力提升

目前我国财政体制事权层层下移，财权集中在中央。所有地方政府都依赖中央财政转移支付才能维持财政收支平衡。西部地区财政自给能力普遍非常弱，高度依赖中央转移支付维持运作，这样的财政分配体制决定中央财政转移支付的公平性对贫困地区的影响巨大。一般性转移支付按照因素法进行分配，充分考虑贫困地区的现状和发展需求，一般性转移支付对贫困地区来说相对比较公平。但是我国除了一般性转移支付外，还存在大量专项转移支付，专项转移支付的分配权分布广，分配资金的透明度不高，导致贫困地区获得相关专项转移支付的难度非常大，加剧地区间的分配不公。必须从根本上改变我国现行的转移支付制度，降低专项转移支付比重，保障贫困地区机会发展所需各项资金分配公开、公平。

地方和中央的分税结构、比例也必须改革。随着"营改增"后，目前中央和地方增值税各分享50%。这里完全没有考虑地区间的差异，没有体现对贫困地区的扶持有违公平。应该根据地区发展差异，税收分成也有区别，集中连片地区的税收应该尽量留给贫困地区用于自身发展条件的改进。

（三）税收在调节公平方面应发挥更大的市场引领作用

要实现发展机会平等，除了财政继续加大对贫困地区和贫困人群的补贴力度、转移支付力度外，更多的应该是靠税收政策发挥市场导向性作用。因为财政转移支付存在粘蝇子效应，财政补贴也会存在外部效应，不利于发挥主观能动性，反而会加重贫困地区、贫困人群等靠要的依赖性。机会平等的核心还是要靠努力。税收政策可以通过税收政策优化设计，从制度上引导大家关注贫困地区、贫困农户的发展。可以通过出台贫困地区专项税收优惠扶贫政策，从各个税种的不同角度来鼓励贫困地区投资、就业、产业发展。通过结构性减税发挥税收的造血功能，更好地服务促进中国机会公平，提高扶贫绩效。

（四）通过财税激励，鼓励社会资本以PPP模式等方式参与扶贫

在增加财政扶贫资金的同时，要拓宽资金筹集渠道，形成全社会共同参与扶贫的局面。PPP模式是公私合作，政府与社会资本共同提供公共品和公共服务。PPP模式作为弥补政府资金不足，提高公共管理绩效的方式，正在财政部推动下全国大力推广。目前，PPP模式更多地用于公共基础设施建设等方面。要更好地推进精准扶贫，必须改变原来政府一家独大局面。PPP模式引入扶贫领域，可以更好地吸引更多社会资本共同参与扶贫，在增加扶贫投入的同时，更是通过社会资本丰富的管理理念实现扶贫管理根本性变革。但是扶贫项目的特殊性的公益性，决定PPP模式进入扶贫运作模式必然与其他不同。通过财政补贴、政府购买订单、财政贴息、税收优惠等多项措施多管齐下，才能吸引更多社会资本参与扶贫。

三 配套社会综合改革全面提升中国机会平等状况，围剿贫困的制度根源

由于制度上长期二元发展结构，导致财政资金分配、政策导向都倾斜城市，社会公共资源集中在城市，特别是大城市。农村特别是贫困农

村、贫困农民面临严重发展机会不平等，这样不公平的分配格局导致发展权利严重不对等，能力贫困问题突出，又进一步加剧社会的不公平。

要从根源上实现机会平等，增强自我发展能力，只靠单纯的扶贫开发政策是远远不能实现的。必须通过户籍、土地、民主政治等相关配套社会综合改革共同推进。目前除几大城市外，中国户籍制度已放开，但长期城乡不公的分配体制并没有随着户籍制度改革而改善。农地如何解决确权问题依然困难重重。民主化进程如何推进等都极具挑战性。中国已经进入改革深水区，只有发挥极大政治决心和勇气才能更好地推进中国政治、经济、社会全面发展，才能解决中国日益严重的机会不平等问题，才能从根源上围剿贫困。

第二节　结论

一　结论

从机会平等视角重新审视中国贫困问题，认为中国贫困是由于长期制度不利导致部分贫困地区、贫困人群面临严重的机会不平等，不能站在平等竞技场上进行公平竞赛，竞争中所需的发展能力由于发展权利不对等导致能力匮乏，即使努力不懈，最后竞争结果也必然使这部分地区、人群处于社会最弱势地位，异常脆弱，很难依靠自身力量改变不利状况，陷入贫困。要改变机会不平等导致能力贫困，必须重新进行扶贫路径设计。从提高机会平等增强能力角度进行精准扶贫、精准脱贫，提高扶贫绩效，实现2020年现有贫困标准下，所有贫困人群和贫困地区退出，实现全面小康。

通过对我国贫困发展情况分析，发现我国贫困标准不断提高，贫困规模、贫困程度得到极大改善。中国扶贫成效得到全世界认可。但是随着贫困标准提高，中国贫困率依然居高不下，扶贫形势严峻。

通过机会不平等的文献整理，对机会不平等概念进行明确界定。机会平等可以推进精准扶贫，而精准扶贫过程就是机会平等过程。从机会平等角度推进扶贫，可以提高扶贫绩效，更可以推进社会公平。

从宏观财税政策角度论证政策机会平等性对扶贫的影响。税收政策的机会平等性做得非常不够，不利于促进贫困地区发展，必须进行税制改革。财政扶贫资金分配相对比较公平，推动贫困地区发展的机会平等。但是扶贫资金投入没能满足机会平等发展需求，必须进行优化。整个财税分配体制不够公平，不利于从制度上推动机会平等。

要改善公平，提升扶贫绩效必然要走"三化"同步的道路。从贵州省"三化"同步实证模拟发现贵州"三化"长期处于低水平的协调状态，这必然加剧贵州扶贫难度。从优化"三化"同步角度可以更好地推动机会平等，促进扶贫。

二　创新点

（一）研究视角创新

研究贫困问题的文献很多，但是本书从机会平等的视角来重新审视贫困问题，认为由于制度不利产生机会不平等，导致能力贫困才是中国贫困的根源。对机会平等与扶贫关系进行梳理。促进机会平等过程，可以提升扶贫绩效，而扶贫过程就是推进机会平等过程。提出从机会平等出发，重新进行精准扶贫设计。

（二）研究内容创新

从宏观财税政策出发，对财税政策的机会平等性进行实证分析。在此基础上，提出财税政策如何改进机会平等促进扶贫的思路。我国扶贫开发一直是政府主导的，财税政策作为政府重要的调控手段，在扶贫中发挥至关重要的作用。通过财税政策实证分析，可以更好地通过财税政策设计提升政府扶贫绩效。

三　本书不足

（一）研究数据不全面、不及时

我国政府透明度不高，特别是扶贫领域，贫困相关数据收集异常困难。作为官方扶贫方面的权威统计报告《中国农村贫困检测报告》，2011年出版后直到2016年才再次出版，中间大量的贫困数据缺失，地方层面的数据收集更是困难。导致文章大部分数据分析不全面、不及时，不能真正反映当前中国贫困状况和扶贫成效。

(二) 问卷设计不够科学，影响问卷调查的结果

由于权威扶贫数据收集困难，课题组采用实地调研方式更直观探访贫困地区和贫困农户的发展现状。但是课题组人员有限，只调查贵州省情况，虽然贵州省作为贫困最突出的省份，具有一定典型性，但是一个省的数据毕竟不能反映整个西部发展。实际调查中由于抽样的随机性、科学性、代表性存在一定偏差，加上调查问卷设计不够全面、合理等原因都会造成调查结论会出现以偏赅全等问题，影响研究的严谨性。

(三) 研究内容视野不够，影响本书的深度

本书视角是从机会平等角度重新审视扶贫，但是影响机会平等的因素非常多。由于研究能力限制，本书只选取政府财政、税收角度来开展研究。研究视野非常局限，导致研究成果说服力不够，也不能提出更有效的扶贫政策建议。

参考文献

[1] John E. Romer, *Equality of Opportunity*, Harvard University Press, 1998.

[2] John. E. Romer, *Theories of Distribuitve Justice*, Hurrwrd Univer Stity Press, 1996.

[3] Bonica, Adam, NcCarty, Keith T. Poole, and Howard Rosenthal, "Why Hasn't Democracy Slowed Rising Inequality?", *Journal of Economic Perspectives*, 2013（3）：103 – 124.

[4] 朗特里：《贫困与进步：对约克镇第二次社会调查》，郎曼出版公司1941年版。

[5] 西奥多·W. 舒尔茨：《经济增长与农业》，北京经济学院出版社1991年版。

[6] 冈纳·缪尔达尔：《世界贫困的挑战——世界反贫困大纲》，北京经济学院出版社1991年版。

[7] 罗伯特·诺齐克：《无政府、国家与乌托邦》，中国社会科学出版社1991年版。

[8] 乔·萨托利：《民主新论》，冯克利等译，东方出版社1997年版。

[9] 阿玛蒂亚·森：《贫困与饥荒》，商务印书馆2001年版。

[10] 约翰·罗尔斯：《作为公平的正义：正义新论》，姚大志译，上海三联书店2002年版。

[11] 罗纳德·德沃金：《至上的美德：平等的理论与实践》，冯克利译，江苏人民出版社2003年版。

[12] 彼得·斯坦、约翰·香德：《西方社会的法律价值》，中国法制出版社2004年版。

[13] G. A. 柯亨：《自我所有、自由和平等》，东方出版社 2008 年版。

[14] 阿玛蒂亚·森：《以自由看待发展》，人民出版社 2009 年版。

[15] 约翰·罗尔斯著：《正义论》（修订版），何怀洪等译，中国社会科学出版社 2009 年版。

[16] 莱斯利·A. 雅各布：《追求平等机会：平等主义的正义理论与实践》，中央编译出版社 2013 年版。

[17] 乔万尼·萨托利：《民主新论：当代论争》，上海人民出版社 2015 年版。

[18] 张岩松：《发展与中国农村反贫困》，中国财政经济出版社 2004 年版。

[19] 张磊：《中国扶贫开发政策演变（1949—2005）》，中国财政经济出版社 2007 年版。

[20] 高鸿业：《西方经济学》（微观部分·第六版），中国人民大学出版社 2014 年版。

[21] 世界银行：《2006 年世界发展报告：公平与发展》，清华大学出版社 2006 年版。

[22] 文雁兵：《破解制度性贫困》，《中国社会科学报》2014 年 3 月 13 日。

[23] 万广宇：《柯亨平等主义思想研究》，博士学位论文，复旦大学，2011 年。

[24] 潘春阳：《中国的机会不平等与居民幸福感研究》，博士学位论文，复旦大学，2011 年。

[25] 约翰·罗默：《社会主义及其未来》，段中桥译，《马克思主义与现实》2002 年第 1 期。

[26] 帕特里克·戴梦德、安东尼·吉登斯著：《新平等主义：英国的经济不平等》，余呈先等编译，《马克思主义与现实》2007 年第 4 期。

[27] 吴忠民：《论机会平等》，《江海学刊》2001 年第 1 期。

[28] 关信平：《现阶段中国城市的贫困问题和反贫困政策》，《江苏社会科学》2003 年第 2 期。

[29] 章建敏：《当代中国发展需要推进机会平等》，《江淮论坛》2006

年第6期。

[30] 王现林:《持续不平等与贫困的累积》,《内蒙古社会科学》(汉文版)2008年第1期。

[31] 王志刚、袁久红:《资本主义不公正原因:机会平等与个人责任》,《科学社会主义》2010年第1期。

[32] 姚大志:《评德沃金的平等主义》,《吉林大学社会科学学报》2010年第9期。

[33] 马蔡深:《促进西部开发财税政策的效应评价与路径选择》,《税务研究》2010年第2期。

[34] 王萃萃、刘国乐:《论机会平等的实现与政府的公共责任》,《中共杭州市委党校学报》2010年第4期。

[35] 杨耐:《试论罗尔斯公平的机会平等和纯粹的程序正义》,《理论观察》2011年第3期。

[36] 林江、马明德:《机会不平等测量的文献述评》,《财政经济评论》2012年第10期。

[37] 肖育才:《西部大开发税收优惠政策评价及未来取向》,《财经科学》2012年第2期。

[38] 徐大伟:《"三化"同步发展的内在机制与互动关系研究》,《农业经济问题》2012年第2期。

[39] 吕安详:《罗尔斯公平的机会平等原则初探》,《学理论》2014年第6期。

[40] 王春光:《建构一个新的城乡一体化分析框架:机会平等视角》,《北京工业大学学报》2014年第12期。

[41] 黄成伟:《中国为全球减贫做出了哪些贡献》,《瞭望》2015年第42期。

[42] 游琴:《罗默机会平等思想的理论演绎》,《经济与社会发展》2015年第2期。

[43] 姚大志:《平等主义的图谱》,《吉林大学社会科学学报》2015年第5期。